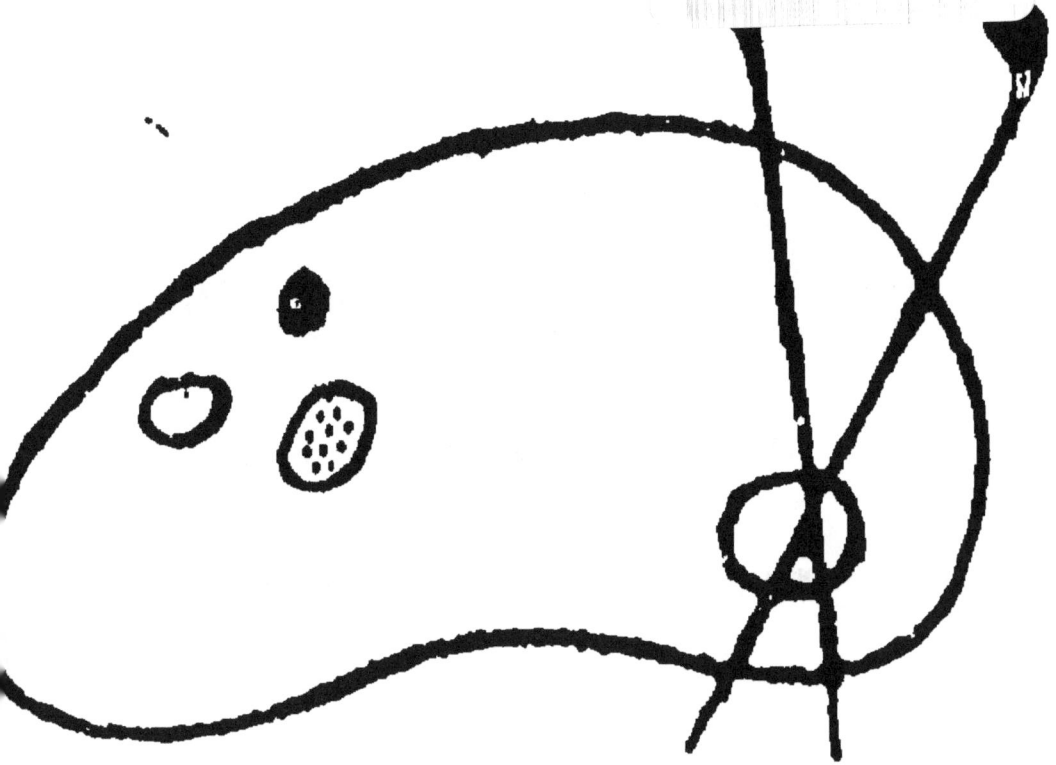

Début d'une série de documents
en couleur

Extrait du *Congrès du Millénaire normand*

ÉTUDE

sur

LES SOURCES DE L'ANCIEN DROIT NORMAND

et

SPÉCIALEMENT SUR LA LÉGISLATION DES DUCS DE NORMANDIE

Par E.-J. TARDIF

Archiviste paléographe, membre résidant de la Société nationale des Antiquaires de France.

ROUEN

IMPRIMERIE LÉON GY, 5, RUE DES BASNAGE

1911

Extrait du *Congrès du Millénaire normand*

ÉTUDE

sur

LES SOURCES DE L'ANCIEN DROIT NORMAND

SPÉCIALEMENT SUR LA LÉGISLATION DES DUCS DE NORMANDIE

Par E.-J. TARDIF

Archiviste paléographe, membre résidant de la Société nationale des Antiquaires de France.

I

ROUEN

IMPRIMERIE LÉON GY, 5, RUE DES BASNAGE

1911

LES SOURCES DE L'ANCIEN DROIT NORMAND

et

spécialement sur la Législation des Ducs de Normandie

Par M. Joseph TARDIF, archiviste paléographe,
membre résidant de la Société nationale des Antiquaires de France.

La période qui s'est écoulée depuis l'établissement définitif de Hrolf ou Rollon dans la Neustrie, à la fin de l'année 911, jusqu'à la conquête de la Normandie par Philippe-Auguste, en 1204, est la plus intéressante de l'histoire de cette province aussi bien au point de vue de l'organisation politique que de l'évolution juridique. C'est dans cet intervalle de près de trois siècles que se sont développées les institutions de droit public et de droit privé qui ont fait la grandeur de la Normandie et que s'est élaborée l'ancienne coutume de ce pays avant de trouver son expression définitive dans les vieux coutumiers de la province. Aussi l'étude des sources du droit normand pendant cette période est-elle du plus grand intérêt, malgré les difficultés qu'elle présente.

Avant d'examiner chacune des sources qui nous font connaître la coutume normande primitive, il importe de déterminer les divers éléments qui ont concouru à la formation de ce droit coutumier si complexe.

Le premier de ces éléments est la coutume proprement dite, c'est-à-dire un usage qui s'établit peu à peu sous la pression des besoins du moment et finit insensiblement par s'imposer à tous comme règle de droit; mais cet élément n'a eu ici qu'un rôle secondaire. En effet, l'usage ou la coutume, au sens étroit du mot, n'occupe la première place que dans le droit des

2

peuples primitifs : or les populations gallo-franques de la Neustrie avaient été en contact avec le monde romain pendant plusieurs siècles et subi l'influence bienfaisante du christianisme ; d'autre part, les envahisseurs, malgré les nombreux actes de sauvagerie auxquels ils se sont livrés dans leurs expéditions, n'en avaient pas moins franchi les premières étapes de la civilisation (1).

Il y a par suite d'autres éléments constitutifs de la coutume qui ont exercé une action plus profonde sur l'ancien droit normand.

Ce sont d'abord les précédents judiciaires ou la jurisprudence. A une époque où la procédure était entièrement orale, les jugements n'étaient que très rarement rédigés par écrit. Quand il était nécessaire d'en rappeler le souvenir, on avait recours à la mémoire des juges et même des assistants par la procédure du « record » ; mais ces décisions judiciaires, en passant de bouche en bouche, perdaient peu à peu de leur précision et finissaient insensiblement par se confondre avec l'usage ou la coutume, dont elles constituent l'un des principaux éléments.

C'est ensuite la législation des ducs de Normandie, qui a eu une part prépondérante dans la formation du droit coutumier de cette province. On répète cependant que les Normands n'ont pas eu de législation écrite (2). Cette affirmation n'est pas exacte à moins de l'entendre en ce sens qu'il n'y a pas eu de codification officielle du droit normand avant la publication de la Coutume réformée, en 1583 (3), et de codification privée avant la *Summa de legibus in curia laicali* (4), c'est-à-dire avant le texte latin du

(1) Les chroniqueurs et les historiens sont unanimes pour attester la férocité avec laquelle les Normands traitaient les vaincus. Ces actes de barbarie s'expliquent par le fanatisme idolâtrique des Vikings, par la nécessité d'intimider les populations franques pour les amener à se soumettre sans résistance et souvent aussi par l'abus du vin et des liqueurs enivrantes, qui les mettaient dans un état de frénésie dont il est souvent question dans les sagas scandinaves. En revanche, certaines industries, comme la sculpture sur bois et la ciselure des métaux, avaient déjà atteint, au IX⁰ siècle, un degré de développement assez avancé dans les pays du Nord. V. J. Steenstrup, *Indledningi Normannertiden*, Kjœbenhavn, 1876, p. 184, 369. *Études préliminaires pour servir à l'histoire des Normands...* traduction abrégée de l'ouvrage précédent par l'auteur (*Bulletin de la Société des Antiquaires de Normandie*, t. X, 1882, p. 411, 413-414.

(2) « To illustrate the period, which has elapsed since the settlement of the Northmen in Neustria, there are no written laws, no books on law...... The Normans then had no written law to bring with them to England ». Fr. Pollock and Fr. W. Maitland, *The history of english law before the time of Edward I*, 2d edit., Cambridge, 1898, t. I, p. 64 et 77.

(3) La Coutume réformée de Normandie a été mise en vigueur à partir du 1er juillet 1583. Bourdot de Richebourg, *Nouveau Coutumier général*, Paris, 1724, t. IV, p. 127.

(4) La première rédaction du texte latin du Grand Coutumier de Normandie ou *Summa de legibus in curia laicali* a dû être terminée dans l'une des années 1255, 1256 ou 1257. J. Tardif, *Coutumiers de Normandie*, t. II, Rouen, 1896, p. clxxxvij-cxcxiv.

Grand Coutumier de Normandie, qui est postérieur d'une soixantaine
d'années au traité du juriste anglais Ranulf de Glanville (1); car les deux
petits traité dont se compose le Très ancien Coutumier de Normandie,
malgré tout l'intérêt qu'ils offrent, ne sont que des esquisses sommaires.
Mais on oublie que les ducs de Normandie, à partir de Guillaume le Conquérant au moins et peut-être même avant, ont eu une véritable législation
et que cette législation a été en grande partie consignée par écrit. Orderic
Vital déclare, en effet, à propos du concile de Lillebonne de 1080, « qu'il
rapporte les statuts de cette assemblée tels qu'ils ont été notés par les assistants, afin que la postérité connaisse les lois qui ont été en vigueur en Normandie sous le roi Guillaume » (2). Cette activité législative, qui a été très
marquée pendant la vie de ce prince, a persisté sous ses fils, notamment
sous Henri Ier (1106-1135) ; elle a notablement diminué pendant les
guerres civiles, qui troublèrent les règnes d'Étienne de Blois (1135-1144) et
de Geoffroi Plantagenet (1144-1149), mari de l'impératrice Mathilde, fille
de Henri Ier, pour renaître sous Henri II Plantagenet (1149-1189) et
Richard Cœur de Lion (1189-1199) (3). Ces lois étaient délibérées et
promulguées dans des assemblées composées de l'archevêque de Rouen et
des six évêques de la province, ses suffragants, d'un certain nombre d'abbés
et de la plupart des grands seigneurs, qui se réunissaient, sur la convocation
du duc, à Rouen, à Fécamp, à Falaise, à Caen, à Lisieux, à Lillebonne ou
dans quelque autre résidence ducale. Le prince, en promulguant les décisions prises, a généralement soin de dire qu'elles ont été approuvées par les
prélats et les barons. Les réunions avaient lieu d'ordinaire trois fois par an
à l'occasion des fêtes de Pâques, de la Pentecôte et de Noël, pendant lesquelles le duc tenait une cour plénière ; mais elles n'étaient pas absolument

(1) Le *Tractatus de legibus et consuetudinibus regni Angliæ* a été composé entre le
commencement de novembre 1187 et les premiers jours de juin 1189 suivant MM. Pollock
et Maitland, qui ont émis l'hypothèse que le secrétaire de Glanville, Hubert Walter, son
cousin, aurait collaboré à la rédaction de cet ouvrage, s'il ne l'a pas écrit en entier. *History of english law*, t. I, p. 164 et n. 5.

(2) « Statuta vero concilii [apud Juliam Bonam], sicut ab iis qui interfuerunt veraciter
annotata sunt, volo hic inserere, ut posteri discant quales in Normannia leges fuerunt sub
Guillelmo rege ». Orderic Vital, *Histoire ecclésiastique*, éd. A. Le Prévost, Paris, 1838-55.
(Société de l'Histoire de France), t. II, p. 316.

(3) M. A. Coville a dressé avec beaucoup de soin une liste chronologique de ces assemblées, qui s'élèvent au chiffre de soixante-dix-huit pour la période comprise entre 927 et
1199 ; il y a joint l'indication des sources avec des extraits de textes et une nomenclature
des principales villes où elles ont été tenues. Il y a lieu toutefois de supprimer de cette
énumération quelques assemblées, soit qu'elles n'aient pas eu un caractère assez général,
soit qu'elles soient mentionnées dans des passages de Dudon qui n'offrent pas toute
garantie de véracité. *Les États de Normandie, leurs origines et leur développement au
XIVe siècle*, Paris, 1894, p. 10-16, 247-256 (Appendice I). V. L. Valin, *Le duc de
Normandie et sa cour* (912-1204), Paris, 1910, p. 101 et s., 104, n. 1 et 2, 171-179.

périodiques et il y avait parfois un an ou plus d'intervalle entre chacune d'elles lorsque des guerres ou des événements politiques empêchaient de les convoquer. Ces assemblées ont une grande analogie avec celles que Charlemagne et ses successeurs réunissaient chaque année, au printemps, sous les dénominations de *conventus generalis*, de *placitum generale*, de *concilium*. Leur nom, leur composition, leurs attributions étaient les mêmes et il n'est pas jusqu'à la division, mentionnée par Hincmar, des membres en deux sections, dont l'une s'occupait des questions ecclésiastiques et l'autre des affaires civiles (1), qu'on ne pourrait retrouver dans ces assemblées du clergé et de l'aristocratie normande (2). Il semble donc permis de voir dans ces conciles (c'est le terme généralement employé pour désigner ces assemblées), qui ont eu une part plus ou moins grande dans l'œuvre législative des ducs de Normandie, une survivance de la tradition carolingienne. Cette influence n'a rien de surprenant lorsqu'on se rappelle que Rollon, avant de se fixer à demeure en Neustrie, a guerroyé sur le sol de la France pendant bon nombre d'années et que son fils et son petit-fils ont été étroitement mêlés aux destinées de Louis IV d'Outre-mer et de Lothaire, les derniers rois carolingiens.

On peut encore considérer comme troisième élément de la coutume normande primitive le droit franc complété par les capitulaires, qui a dû rester en vigueur comme droit coutumier pour les anciens habitants de la Neustrie avec l'assentiment exprès ou tacite des premiers ducs de Normandie (3). Au début du xe siècle, le principe de la personnalité des lois était bien plus vivace que du temps de Guillaume le Conquérant, et cependant ce prince a laissé subsister, après la conquête, les lois anglo-saxonnes parmi les popu-

. (1) « Quæ utraque tamen seniorum susceptacula sic in duobus divisa erant, ut primo omnes episcopi, abbates vel hujusmodi honorificentiores clerici absque ulla laicorum commixtione congregarentur, similiter comites vel hujusmodi principes sibimet honorificabiliter a cætera multitudine primo mane segregarentur... ». Hincmar, *De ordine palatii epistola*, § xxxv (M. Prou, Bibl. de l'École des Hautes-Études, fasc. 58, 1885, p. 92). V. G. Waitz, *Deutsche Verfassungsgeschichte*, 2te Auflage, Kiel, 1883, t. III, p. 563-564. — H. Brunner, *Lehrbuch des deutschen Rechts*, t. I, p. 130-132.

(2) 1118, 7 octobre. « Indictione xia, nonas octobris, concilium Rotomagi congregatum est. Ibi rex Henricus de pace regni tractavit cum Radulpho, Cantuariæ archiepiscopo, aliisque baronibus quos aggregaverit. Ibi Goisfredus, Rotomagensis archiepiscopus, de statu ecclesiæ Dei locutus est cum quatuor suffraganeis presulibus, Ricardo Baiocensi, et Johanne Luxoviensi, Turgiso Abrincatensi et Rogerio Constantiensi et abbatibus multis ». Orderic Vital, *op. cit.*, t. IV, p. 329.

(3) M. J. Steenstrup reconnaît « qu'il est possible que Rollon ait permis aux habitants français restés dans la province, ou qui y étaient retournés, de garder leurs anciennes lois ». *Indledning i Normannertiden*, p. 333. *Études préliminaires (Bull. de la Soc. des Antiq. de Normandie*, t. X, p. 374).

lations de race saxonne (1). Le maintien pendant le x⁰ siècle, et même jusqu'au premier tiers du xi⁰, de quelques institutions carolingiennes, comme
le *beneficium* (2) et la *commendatio* (3), ainsi que de certains termes juridiques francs (4) paraît bien confirmer cette hypothèse. La persistance des
lois franques comme législation coutumière, tout au moins dans le domaine
du droit privé, peut seule expliquer l'influence considérable que le droit
franc a exercée sur le développement ultérieur du droit normand (5).

(1) Roger. de Hoveden, *Chronica*, ed. W. Stubbs, Londres, 1868, t. II, p. 218. V. le
document intitulé « *Hic intimatur quid Willelmus, rex Anglorum...* » § 7 (R. Schmid,
Die Gesetze der Angelsachsen, Leipzig, 1858, p. 356 (§ 13). W. Stubbs, *Select Char-
ters*, Oxford, 1876, p. 84. Cf. W. Stubbs, *The constitutional history of England*,
Oxford, 1874, t. I, p. 267-268. — Ed. Freeman, *History of the norman conquest of
England*, Oxford, 1876, t. IV, p. 324. — Pollock and Maitland, *op. cit.*, t. I, p. 88-89.

(2) 1026. « Ego Richardus, Normannorum dux... placuit subterannectere et nostræ
authoritatis adstipulatione firmare ea, quæ fideliter communi nostro, aut precario vel
beneficiis, quæ nostri juris erant vel de hæreditatibus, quas paterno jure possidebant,
concessere ». Du Monstier, *Neustria Pia*, Rothomagi, 1663, p. 217. — « Willelmus
Belesmensis, Yvonis filius... ex castro Alentio, quod beneficii tenebat jure, a serviminis
jugo... nisus est extorquere ». Will. Gemmet., VI, c. 4 (Duchesne, *Historiæ Normannorum Scriptores*, Lutetiæ Parisiorum, 1619, p. 259).

(3) Dudon de Saint-Quentin décrit à plusieurs reprises le cérémonial de la *commendatio*
(*De moribus et actis primorum ducum Normanniæ*, éd. J. Lair, *Mém. de la Soc. des
Antiq. de Norm*, t. XXIII, 1865, III, 58, p. 202; IV, 68, p. 222). Il emploie même le terme
technique *commendare* dans quelques passages : « Tunc illi adimplentes jussa marchionis...
regni securitatem Ricardo puero... facientes... manibus voluntarie datis, commendaverunt
se illi ». (IV, 67, p. 221). « Northmanni... commendaverunt se Ricardo unanimes » (III,
58, p. 203). V. Waitz, *Deutsche Verfassungsgeschichte*, t. IV, p. 245-246.

(4) Le terme *placitum commune* se rencontre dans la charte par laquelle Richard I⁰ʳ
restitue à l'abbaye de Saint-Denis le domaine de Berneval-sur-Mer en 968 (*Recueil des
Historiens de France*, t. IX, p. 731); — celui de *conventus generalis* dans un acte de
Guillaume le Conquérant, qui rend, en 1047, au monastère de Fécamp la terre de
Renaud le vicomte (Martene, *Thesaurus novus Anecdotorum*, Lutetiæ Parisiorum, 1717,
t. I, c. 16); — le mot *bannum* est employé par Dudon (II, 31, p. 171); — enfin les plus
anciens actes normands ont été rédigés d'après des formulaires carolingiens, comme l'in-
dique l'expression « *cum his quæ ad hæc aspicere videntur* » (D'Achery, *Spicilegium*,
Parisiis, 1723, t. III, p. 390).

(5) La persistance du droit franc après la conquête normande a été reconnue par beaucoup d'historiens, comme Th. Stapleton, *Magni Rotuli Scaccarii Normanniæ sub regi-
bus Angliæ*, Londini, 1840-44, t. I, Observations, p. xvi. — Sir Francis Palgrave, *History of Normandy and of England*, London, 1851-64, t. I, p. 692. — Lappenberg,
Geschichte von England, Hambourg, 1837, t. II, p. 22. — H. Brunner, *Die Entstehung
der Schwurgerichte*, Berlin, 1872, p. 127-130. *Ueberblick über die Geschichte der
Französischen, Normannischen und Englischen Rechtsquellen* dans Von Holtzendorff,
Encyclopädie der Rechtswissenschaft, Leipzig, 1890, p. 324. — Von Amira, *Die Anfänge
des Normannischen Rechts* (Sybel's *Historische Zeitschrift*, Bd. XXXIX (1870), p. 258-
259. — Pollock and Maitland, *op. cit.*, t. I, p. 66. Cf. Steenstrup, *Indledning*, p. 335.
Études préliminaires, p. 375.

Enfin, il y a lieu d'ajouter à cette énumération un quatrième élément beaucoup moins important : ce sont les coutumes scandinaves apportées par les Vikings et dont il a subsisté pendant quelque temps des vestiges (1) dans les régions où la population de race danoise ou norvégienne avait été plus dense, comme dans le pays de Caux, la vallée de la Seine, le Bessin et le Cotentin.

Il convient ensuite de rechercher comment ces divers éléments de la coutume normande primitive se sont transmis jusqu'à nos jours et d'indiquer les sources qui nous les font connaître.

Les décisions judiciaires antérieures à la seconde moitié du xie siècle sont extrêmement rares et le plus souvent elles n'ont été conservées que par des notices insérées dans les cartulaires des plus anciennes abbayes normandes ; mais ces notices ne donnent pas le texte même des jugements de la Cour du duc et on n'y trouve d'ordinaire que des analyses incomplètes. Nous sommes également mal informés sur l'importance respective des éléments franc et scandinave, qui sont entrés dans la composition de la coutume normande. Mais il n'en est pas de même des actes législatifs des ducs de Normandie, sur lesquels les principaux historiens de la province fournissent des renseignements intéressants. Ainsi Dudon de Saint-Quentin (2) mentionne les lois de Rollon, mais c'est avec une certaine réserve qu'il faut accepter les affirmations de cet écrivain, dont le style est aussi prétentieux qu'obscur. Guillaume de Jumièges (3) a eu le tort de suivre trop fidèlement dans les quatre premiers livres de son *Histoire des*

(1) Il est resté très peu de vestiges des anciennes coutumes scandinaves apportées par les Normands. La langue danoise avait cessé d'être parlée moins d'un siècle après l'établissement définitif de Rollon en Normandie et la terminologie du droit normand n'a conservé qu'un petit nombre d'expressions qui soient sûrement d'origine noroise, comme « nan, namp » = *nám*; « varech » = *vræk, vrak*; « escroe » = *skrá*; « escharir » = *skera* (prét. *skar*). C'est dans l'onomastique (noms de lieux et de personnes) et dans le vocabulaire maritime que se fait le plus sentir l'influence des idiomes scandinaves. Quant au mariage *more danico*, il est vraisemblablement resté en usage jusqu'à la fin du xie siècle. V. p. 592, n. 2.

(2) V. J. Lair, Introduction de l'édition du *De moribus et actis primorum Normanniæ ducum* (*Mém. de la Soc. des Antiq. de Normandie*, t. XXIII (1865). — A. Molinier, *Les sources de l'Histoire de France*, t. II, Paris, 1902, p. 214-215, et les articles critiques cités dans cet ouvrage. — E. Dümmler, *Zur Kritik Dudos von Saint-Quentin (Forschungen zur deutschen Geschichte*, t. VI (1866), p. 376 et s. — A. de la Borderie, *Histoire de Bretagne*, Rennes, 1898, t. II, Notes et éclaircissements, XII, p. 496-504.

(3) L'*Historia Normannorum* de Guillaume *Calculus*, moine de l'abbaye de Jumièges, a été imprimée par Duchesne dans le recueil intitulé *Historiæ Normannórum scriptores antiqui*, Lutetiæ Parisiorum, 1619, p. 215-317. V. L. Delisle, Lettre à M. Jules Lair, *Bibl. de l'École des chartes*, t. XXXIV (1873), p. 267-282. *Ibid.*, t. XLIV (1883), p. 388, 392. — A. Molinier, *op. cit.*, p. 215-216.

Normands, le récit du doyen de Saint-Quentin, qui, au dire d'Orderic Vital, bon juge en la matière, était plutôt un panégyriste qu'un véritable historien (1); les livres V à VIII, qui ont un caractère plus original, contiennent peu de chose sur l'histoire des institutions. Guillaume de Poitiers (2), chapelain de Guillaume le Conquérant, fournit des indications plus sûres, notamment sur quelques dispositions législatives de ce prince, mais elles sont malheureusement trop clairsemées. Le « Roman de Rou » (3), poème de Wace, chanoine de Bayeux, renferme aussi des détails curieux empruntés parfois à des traditions orales sur quelques actes législatifs des ducs (4) ainsi que sur les incidents qui se produisirent dans certaines assemblées du clergé et de l'aristocratie normande. La source la plus importante au point de vue qui nous préoccupe est l'*Histoire ecclésiastique* d'Orderic Vital (5), moine de l'abbaye de Saint-Evroul au diocèse de Séez, le maître de l'historiographie normande : non seulement il donne avec assez d'exactitude les dates auxquelles les ducs de Normandie ont tenu ces conciles ainsi que les noms des principaux personnages qui y ont assisté, mais encore il rapporte textuellement les canons de plusieurs de ces assemblées. Enfin la chronique de Robert de Torigny (6), le célèbre abbé du Mont Saint-Michel, mentionne également quelques réunions du même genre tenues soit sous les fils de Guillaume le Conquérant, soit sous Henri II Plantagenet. Les décisions des conciles de Normandie dont les canons ne se trouvent pas dans Orderic Vital, se sont conservées dans différents manuscrits ayant

(1) « Bellicos siquidem actus trium ducum Dudo, Vermendensis decanus, eloquenter enarravit affluenèque multiplicibus verbis et metris panegyricum super illis edidit et Ricardo Gunnoridæ gratiam ejus captans transmisit ». Ord. Vital, *Hist. eccles.*, t. II, p. 2.

(2) Les *Gesta Guillelmi ducis Normannorum et regis Anglorum* ont été publiés par Duchesne (*op. cit.*, p. 178-213). V. G. Kœrting, Wilhelm's von Poitiers *Gesta Guillelmi ducis Normannorum et regis Anglorum* (Programm des Gymnasiums zum heiligen Kreuz in Dresden), Dresde, 1875. — A. Molinier, *op. cit.*, p. 217.

(3) Le *Roman de Rou* a été imprimé par Pluquet (Rouen, 1827-29, 2 vol.) et par Hugo Andresen (Heilbronn, 1877-79, 2 vol.). V. A. Molinier, *op. cit.*, p. 221-222 et les dissertations qu'il cite.

(4) Dans le discours que Wace prête à Ascelin Fils-Arthur, qui aurait revendiqué le terrain sur lequel était bâtie l'église Saint-Étienne de Caen lors des funérailles de Guillaume le Conquérant, on trouve une énumération des différents titres d'acquisition de la propriété, qui décèle chez l'auteur du *Roman de Rou* des connaissances juridiques assez sérieuses. *Roman de Rou*, III⁰ p., v. 9326-32 (éd. H. Andresen, t. II, p. 400).

(5) La dernière édition de l'*Histoire ecclésiastique* d'Orderic Vital a été donnée par A. Le Prévost et L. Delisle (Soc. de l'Histoire de France), Paris, 1838-55, 5 vol. V. la Notice de M. L. Delisle sur Orderic Vital (t. V). — A. Molinier, *op. cit.*, p. 219-220.

(6) Cette chronique a été publiée par L. Delisle (Soc. de l'Histoire de Normandie, Rouen, 1872-73, 2 vol.) et par R. Howlett, *The Chronicle of Robert of Torigni (Chronicles of the reigns of Stephen, Henry II and Richard I.* Londres, 1889, t. IV). V. A. Molinier, *op. cit.*, p. 317.

appartenu à des abbayes de fondation ancienne telles que le Bec, Fécamp,
Saint-Pierre de Préaux, Notre-Dame de Fontenay, le Mont Saint-Michel.
Ces transcriptions sont généralement exactes parce qu'elles ont été faites
sur des notes rapportées par les abbés ou leurs délégués, qui avaient assisté
aux séances de ces conciles. Ainsi le texte des dispositions prises dans une
assemblée réunie à Rouen par Guillaume le Conquérant, en 1074, doit être
très fidèlement reproduit, puisque la souscription de l'archevêque de Rouen
est expressément mentionnée dans la copie faite à l'abbaye de Fontenay,
très vraisemblablement d'après une expédition prise sur l'original (1). Toutefois, il est permis de se demander si les abbés et prieurs, qui prenaient
bonne note des canons relatifs à des questions ecclésiastiques, ont eu le
même souci pour les décisions concernant plutôt les laïques. Aussi est-ce
une bonne fortune qu'il se soit conservé au Trésor des chartes de France
une copie vidimée et scellée par Henri Ier, roi d'Angleterre, des canons du
concile de Lillebonne de 1080 (2). D'ailleurs, à partir du début du
xiie siècle et peut-être même avant, les ducs de Normandie prirent l'habitude de notifier et de promulguer les résolutions prises dans ces assemblées
par une charte scellée de leur sceau et souscrite soit par les prélats et les
grands seigneurs qui avaient assisté à la réunion, soit par ceux qui se trou-
vaient présents à la Cour lors de cette promulgation. Nous possédons
encore deux chartes de cette espèce : l'une date de 1135 et émane de
Henri Ier (3) ; l'autre, qui est la reproduction presque littérale de la précédente, est de la seconde année du règne d'Étienne de Blois (4).

(1) « Huic concilio interfuit Guillelmus rex potentissimus Anglorum et princeps Normannorum, cujus jussu præscriptæ sententiæ corroboratæ sunt. Subscripsit autem ejusdem
metropolitanæ sedis Joannes episcopus. — Odo, Baiocensis episcopus... ». D. Bessin,
Concilia, p. 66.

(2) Archives nationales, Trésor des chartes, J. 210, Normandie, I, n° 1. Cette expédition a été délivrée pendant le règne de Henri Ier Beauclerc, dont elle porte le sceau avec
les titres de *rex Anglorum* et de *dux Normannorum* (1106-1135). V. A. Teulet,
Layettes du Trésor des chartes, Paris, 1863, t. I, p. 25-28.

(3) La première de ces chartes, celle de Henri Ier, qui est de l'année 1135, est antérieure au 25 novembre, date à laquelle ce prince arriva au château de Lyons-la-Forêt, où
il devait rendre le dernier soupir. Cette charte, qui a été placée en tête de la seconde partie du Très ancien Coutumier, nous a été conservée par les trois manuscrits du texte latin
de cette partie du Coutumier et par les deux cartulaires du chapitre d'Evreux. V. J. Tardif, *Coutumiers de Normandie*, t. I, 1re partie, p. 65.

(4) Il existe deux rédactions de l'acte par lequel Étienne de Blois, devenu roi d'Angleterre et duc de Normandie, confirma la charte de son oncle sur la trêve de Dieu : l'une,
datée de « Wintcham » (probablement Wyndham, dans le comté de Norfolk), remonte
à l'année 1136 ou aux premiers mois de 1137 (Bessin, *Concilia*, p. 81) ; l'autre, datée
d'Evreux est vraisemblablement de l'été de 1137 ; c'est la reproduction littérale de la
charte de son prédécesseur (Cartulaire 2 du chapitre d'Evreux ; Cartulaire de l'archevêché
de Rouen). Bessin, *op. cit.*, p. 72.

— Les ducs de Normandie firent, en outre, constater à diverses reprises, au moyen d'enquêtes solennelles, certains points de la coutume normande en matière de droit public et plus rarement en matière de droit privé ; mais il n'en subsiste que trois ou quatre qui aient une portée plus ou moins générale.

La plus ancienne a eu lieu au début du règne simultané de Robert Courte-Heuse et de Guillaume le Roux en Normandie, le 18 juillet 1091 ; elle a tous les caractères d'un record. Les évêques et les barons réunis à Caen rappelèrent les droits respectifs des ducs et de leurs vassaux et les firent consigner dans un document intitulé *Consuetudines et justicie quas habet dux Normannie* (1).

La seconde est une énumération des fiefs des barons, chevaliers et vavasseurs qui relevaient de l'évêché de Bayeux faite sous forme d'une enquête du pays sur l'ordre du roi Henri Ier dans le courant de l'été de l'année 1133 (2). Ce texte contient des renseignements intéressants sur les obligations des vavasseurs, le relief dû par les chevaliers à l'évêque de Bayeux ainsi que sur les « aides chevels » d'une nature particulière, qui étaient à la charge des vassaux des seigneurs ecclésiastiques.

La troisième est celle qui est placée dans les manuscrits du Très ancien Coutumier en tête de la seconde partie de ce recueil de droit (3) ; il y fut procédé, comme pour la précédente, par voie d'enquête du pays. Bien que cette « juree » ne paraisse concerner que la Basse-Normandie, elle renferme cependant des règles générales sur la garde des orphelins et des héritières des « tenants en chefs », les droits respectifs du duc et des barons sur le varech et le « craspois », ainsi que sur les cas de haute justice criminelle réservés à la Cour ducale. Il est très difficile d'assigner une date précise à ce document parce que les manuscrits qui nous l'ont conservé ne donnent aucune indication chronologique à ce sujet et se bornent à le placer sous un

(1) Ce texte curieux, qui porte une date précise, a été publié par D. Martene dans le *Thesaurus Anecdotorum* (t. IV, p. 117) et par Mansi dans les *Concilia* (t. XX, p. 575). M. Charles H. Haskins, de l'Université de Harvard aux États-Unis, en a donné, dans l'*English Historical Review* (1908), une édition critique d'après les quatre manuscrits qui nous ont transmis ce document, et il y a joint un commentaire.

(2) L'enquête de 1133 a été publiée, en 1838, par Léchaudé d'Anisy d'après un ancien registre de l'évêché de Bayeux (*Extrait des chartes qui se trouvent dans les archives du Calvados* (*Mém. de la Soc. des Antiq. de Norm.*, t. VIII (1838), p. 425-431) ; elle a été réimprimée depuis, sous le titre de *Feoda ecclesie Baiocensis*, dans la *Rec. des Historiens de France*, t. XXIII, p. 699-702.

(3) Le texte de cette enquête se trouve plus ou moins complet dans les trois manuscrits de la Bibliothèque nationale qui renferment le texte latin de la seconde partie du Très ancien Coutumier, dans le ms. lat. 14690 de cette bibliothèque, ainsi que dans le ms. Y 23 de la Bibliothèque de Rouen.

roi nommé Henri (1). La biographie des jurés, qui ont déposé dans cette enquête, ne fournit guère de points de repère, plusieurs d'entre eux ayant été contemporains aussi bien de Henri Ier que de son petit-fils Henri II Plantagenet (2). Toutefois, comme quatre de ces personnages sont postérieurs au règne de Henri Ier, il semble préférable d'attribuer ce texte à l'une des années qui ont immédiatement suivi l'avènement de Henri II au trône d'Angleterre (25 octobre 1154); en effet, Guillaume Fils-Jean, qui figure en tête de l'énumération des témoins et a dû présider le jury, était l'un des justiciers du roi en Normandie pendant les années 1156 et 1157 (3).

La quatrième, qui fut ordonnée par Henri II, était exclusivement féodale et s'appliquait à toute la Normandie. Cette enquête eut lieu à Caen, le 8 septembre 1172, devant les justiciers du duc, qui suivirent un nouveau mode de procédure. Chaque baron déclara le nombre des chevaliers qu'il devait pour le service du duc et le nombre de ceux qu'il avait pour son service personnel; il remettait ensuite à l'appui de sa déclaration deux brefs, dont l'un portait seulement le chiffre de chevaliers qu'il devait fournir pour le service du duc et l'autre indiquait les noms de ces chevaliers et les divisions de leurs tenures (4). En réunissant les renseignements contenus dans

(1) « Hec est jurea facta in tempore regis Henrici... » T.A.C., Ire P., I, 1 (LXVI).

(2) Parmi les douze jurés qui figurent dans cette enquête, les trois derniers ne peuvent être identifiés avec certitude; sur les neuf autres, il y en a cinq qui sont mentionnés dans des documents remontant aux dernières années du règne de Henri Ier : Guillaume Fils-Jean, Guillaume Silvain, Guillaume de Saint-Jean, Roger Suhart et Nicolas de Vieux (1132-1169); les quatre autres, Guillaume Patri (1151-1154), Robert de Percy (1145-1169), Graverend d'Evrecy (1157-1172) et Guillaume de Caligny (1140) ne paraissent que dans des actes postérieurs de quelques années à la mort de ce prince (1135).

(3) Il importe de remarquer que Guillaume Fils-Jean est en tête de la liste des jurés qui déposèrent dans cette enquête. Ce n'est cependant pas simplement à titre de vassal de l'évêque de Bayeux, dont il relevait sans doute pour les terres qu'il possédait à Tilly, Mandeville et Secqueville, qu'il occupe ici la première place avant des seigneurs qui, comme Guillaume Patri et Guillaume de Saint-Jean, avaient, au point de vue féodal, une situation supérieure à la sienne, mais en qualité de fonctionnaire royal. En effet, Guillaume Fils-Jean était justicier du roi en Normandie dans les années 1156 et 1157 et peut-être même dès 1155. Or, c'est précisément en 1156 qu'il a fait procéder à plusieurs enquêtes destinées à recouvrer les domaines aliénés de l'évêché de Bayeux (*Antiquus Cartularius ecclesie Bajocensis* (Livre noir), publié par l'abbé Bourrienne (Soc. de l'Histoire de Normandie). Rouen, 1902, nos XXVII, XXVIII, XXXV, XXXVI, p. 33, 35, 42, 43. V. R. W. Eyton, *Court, household and itinerary of king Henri II*, London, 1878, p. 6, 19, 20, 22, 35, 33.

Quant au caractère archaïque, que présente le dernier article de l'enquête, qui contient l'énumération des cas réservés à la justice ducale, on se l'explique facilement si le rédacteur de cet article a fait usage d'un document antérieur remontant vraisemblablement au temps de Henri Ier.

(4) La procédure suivie pour cette enquête est décrite dans le préambule qui se trouve en tête de la déclaration faite par Robert de Torigny, abbé du Mont Saint-Michel, en

ces différentes cédules, qui avaient été déposées au Trésor, c'est-à-dire à l'Échiquier, les agents de l'administration ducale dressèrent un état des services de chevaliers dus au duc de Normandie, qui a été inséré dans le Livre rouge de l'Échiquier d'Angleterre et dans les Registres de Philippe-Auguste (1); c'est une énumération assez sèche de noms de lieux et de personnes au milieu desquels on rencontre quelques indications sur la durée et les conditions du service d'ost des vassaux et arrière-vassaux du duc de Normandie.

Un examen des sources correspondant à chacun des éléments de la coutume normande primitive comporterait des développements hors de proportion avec les limites assignées à ce mémoire. Il est donc nécessaire de se borner à étudier celui de ces éléments qui a eu le plus d'influence sur la formation de cette coutume, c'est-à-dire la législation des ducs de Normandie et plus spécialement les dispositions arrêtées et promulguées par eux dans les assemblées de seigneurs laïques et de dignitaires ecclésiastiques de la province. La plupart des canons de ces conciles s'occupent de questions de droit purement ecclésiastique comme le dogme, la liturgie, la discipline et la réforme du clergé (2); toutefois on trouve çà et là quelques articles qui concernent exclusivement les laïques et touchent au droit public et privé du duché. C'est sur ces décisions que se portera surtout notre attention au cours de cette étude; car elles offrent le plus grand intérêt pour l'histoire du droit normand et de son développement.

Dans les premiers temps de la conquête il n'est pas encore question de ces assemblées, où prélats et barons siègent côte à côte sous la présidence du duc. Dudon rapporte que Rollon aurait consulté les principaux chefs de l'armée normande pendant les négociations qui précédèrent le traité de Saint-Clair-sur-Epte et que ceux-ci lui auraient conseillé d'accepter les pro-

cette circonstance, déclaration qui a été conservée par le Cartulaire du Mont Saint-Michel à la Bibliothèque d'Avranches (f° 132 v°). *Rec. des Historiens de France*, t. XXIII, p. 700.

(1) Le texte du Livre rouge de l'Échiquier a été imprimé par A. Ducarel, *Anglo Norman Antiquities*. Londres, 1767, Appendice, p. 29. Houard, *Traités sur les coutumes anglo-normandes*. Rouen, 1776, t. I, p. 239; celui du Registre B de Philippe-Auguste, par A. Duchesne, *Norm. Hist. Scriptores*, p. 1045; une édition critique de ce document a été donnée par L. Delisle dans le t. XXIII du *Rec. des Historiens de France*, p. 693-699.

(2) Les décisions des conciles généraux et des synodes diocésains de la province de Rouen sont presque toutes imprimées dans le recueil des *Concilia Rotomagensis provinciæ* de D. François Pommeraye, publié en 1677, dont une seconde édition a été donnée par D. Guillaume Bessin (Rotomagi, 1717, in-f°).

positions de Charles le Simple (1). Il fait encore allusion à une assemblée
de ce genre quand il parle de l'intervention de ces *principes* dans la promulgation des lois édictées par le premier duc (2). Celui-ci convoqua une
dernière fois vers la fin de son règne, vraisemblablement en 927, les grands
seigneurs laïques de ses États (3); c'est en leur présence qu'il choisit pour
son successeur et associa à la couronne ducale le fils qu'il avait eu de
Poppa, Guillaume Longue-Épée, auquel il fit prêter le serment de fidélité
par tous les assistants.

L'existence de lois émanées du conquérant de la Normandie a été très
souvent contestée et bon nombre d'historiens les considèrent encore comme
apocryphes (4). Leur manière de voir provient d'une défiance exagérée à
l'égard des assertions de Dudon, qui mentionne cependant ces lois à sept ou
huit reprises différentes dans son ouvrage (5). Cette opinion repose, en outre,
sur une conception fausse du véritable caractère des actes législatifs du premier duc : on s'est figuré qu'on trouverait là ce qu'on ne pouvait y cher-
cher, c'est-à-dire un ensemble de dispositions législatives coordonnées (6)
analogue aux codifications anglo-saxonnes d'Édouard l'Ancien ou de Cnut

---

(1) « Quo audito, [Rollo] convocat majores Dacorum et quæ episcopus [Franco] sibi
retulit narrat in auribus eorum. Daci vero... dixerunt Rolloni : .., Et ex hoc videtur
salubrius nobis consilium... consequens videtur nobis ut requiescamus fructibusque
terræ patienter fruamur... » Dud., *op. cit.*, II, 26 (p. 166-167).

(2) V. *infra*, n. 5, 11°.

(3) « Robertus, Nortmannorum patriciæ... convocatis Dacorum... principibus, dedit
omnem terram suæ ditionis Willelmo, Poppæ filio, atque inter manus Willelmi ado-
lescentis manus suas mittentes, principes colligavit illi conjurationis sacramento ».
Dud., II, 34 (p. 173). Cf. III, 37 et 38 (p. 181-182). Cf. J. Lair, Introduction, p. 77.
Étude sur la vie et la mort de Guillaume Longue-Épée, duc de Normandie,
Paris, 1893, 16-17.

(4) « Hrolf, it is true, had gained the reputation of lawgiver... The story of Hrolfs
legislation has been rejected as fabulous. » Pollock and Maitland, *History of english
law*, t. I, p. 65 et n. 5.

(5) 1° « Quin etiam et proavi sui Rollonis, quæ posuit in regno jura describerem ».
Dud. Epistola panegerica, p. 119. — II° « Jura et leges sempiternas, voluntate principum sancitas et decretas, plebi indixit ». Dud. II, 31 (p. 171). — III° « Legibus et
statutis nostris constanter auxiliabitur jusque et decretum nostrum, hoc superstite
[Willelmo], non delebitur ». *Op. cit.*, III, 38 (p. 182). — IV° « Legibus paternis populum strenue regebat ». *Op. cit.*, III, 38 (p. 183). — V° Statimque [Willelmus] cœpit
exercere leges et jura paternaque decreta ». *Op. cit.*, III, 58 (p. 200). — VI° « Quis
paternis legibus reget strenue populum »; *Ibid.*

(6) Sir Francis Palgrave est un des auteurs qui ont le mieux compris le caractère de
la législation de Rollon : « It is a dream to accept the assertion that Rollo instituted a
regular code... As cumulative proofs that the ancient legislation of the Terra Normannorum was purely oral and traditional these three legends have their value ». *History
of Normandy*, t. I, p. 697 et 699. Ces trois légendes sont celles de la Clameur de haro,
des bracelets de la forêt de Roumare et du paysan de Longueville ou Longpaon.

le Grand, alors qu'il s'agissait simplement de lois orales (1) composées de quelques articles très brefs. Il est fort possible que Dudon ait exagéré l'importance du rôle de législateur qu'il prêtait à son héros; mais ce n'est pas un motif suffisant pour rejeter à priori ses affirmations, surtout lorsqu'elles sont corroborées par le témoignage concordant de Wace et de deux textes, un Appendice des *Gesta abbatum Fontanellensium* (2) et un fragment d'une Vie de saint Vaneng (3), fondateur de l'abbaye de Fécamp, que les critiques les plus autorisés tels que G. Waitz (4) considèrent comme absolument indépendants de l'œuvre du doyen de Saint-Quentin, et dont la rédaction se place à une date intermédiaire entre le *De moribus et actis* de Dudon et l'*Historia Normannorum* de Guillaume de Jumièges.

(1) Sous Rollon et son fils, l'écriture a été très peu employée à la cour ducale, comme le prouve ce passage d'une charte de Richard II pour l'abbaye de Saint-Ouen : « Quæ omnia noster atavus Rolphus, prænominato loco partim restituit, partim et dedit, sed propriis cartulis ad notitiam futurorum minime descripsit. Huic subnectimus cessioni quæ etiam avi nostri Willelmi industria simili modo absque cartarum notamine concessit ». Archives de la Seine-Inférieure, Fonds de Saint-Ouen, lay. 47. Pommeraye, *Histoire de l'abbaye royale de Saint-Ouen de Rouen*. Rouen, 1662, p. 403.

Richard Ier paraît être le premier des descendants de Rollon qui ait su lire et connu un peu le latin; Wace fait, en effet, dire à Guillaume Longue-Epée au sujet de son fils :

« Richart soût en daneis et en normant parler,
. . . .
Une charte soût lire e les pars deviser ».
            Rom de Rou, IIe P., v. 1762 et 1765 (t. I, p. 103).

(2) « Interea Rollo novissimus quidem Nortmannorum dux, sed cæteris potentior militari manu, æquitate modestior, prudentior consiliis, patriis laribus pulsus littori Sequanæ appulit, singula loca et civitates, quas solitudo tenebat, invasit paucisque quos invenerat inde fugatis aut jugo potentiæ suæ subactis, auspicio sortium inter comites et commilitones suos distribuit. Is... optima denique jura legesque æquissimas domi militiæque prudenter instituit... » *Gesta abbatum Fontanellensium, Appendix II.* D'Achery, *Spicilegium*, t. II, p. 285. *Rec. des Historiens de France*, t. IX, p. 3.

(3) « Rollo... ipsam autem terram quoad vixit optime regens legesque et jura paterna ipsis habitatoribus componens... migravit a sæculo... » *Acta Sanctorum ordinis sancti Benedicti*, Lutetiæ Parisiorum, 1669, sæc. II, p. 975. Ce texte est donné comme un extrait de la vie de saint Vaneng, mais il semble plutôt être un fragment d'une *Historia monasterii Fiscannensis*.

(4) Voici le jugement que Waitz porte sur ces deux textes :

« Wichtiger... ist die Fortsetzung, welche den *Gesta abbatum Fontanellensium*... angehängt ist. Hier aber findet sich eine Darstellung der Eroberung der Normandie von allen bisher besprochenen ganz verschieden... Die Rechte und Gesetze erwähnt er auch, aber mit andern Worten... Es ist wahrscheinlich genug dass der Mönch zu Fontenelle aus derselben Ueberlieferung wie Dudo schöpfte; aber er hat sie in eigenthümlicher Weise aufgefasst und wiedergegeben. Sein Werk hat dadurch einen unzweifelhaften Werth ..... An Dudos Erzählung erinnert sonst nichts [in fragmento vitæ sancti Waningi] als die Nachricht über die *leges*, die mir nicht ausreichend erscheint, um eine Benutzung desselben oder des Wilhelm [Gemmetic.], der dies wiederholt, wahrscheinlich zu machen ». *Ueber die Quellen zur Geschichte der Begründung der normannischen Herrschaft in Frankreich* (*Göttingische Gelehrte Anzeigen*, 1866, Nachrichten, VI, p. 91-94).

Dudon ne se contente pas de mentionner en termes généraux les lois impérissables de Rollon, qu'il qualifie de *jura et leges*, de *leges et statuta*, il cite comme exemple deux constitutions édictées par lui. L'une interdisait le vol et le brigandage et punissait dans ce cas le complice de la peine de mort comme le coupable lui-même; l'autre défendait aux paysans d'emporter chez eux ou de cacher sous terre les fers de la charrue, lorsqu'ils interrompaient leurs labours et de faire suivre d'un gardien les chevaux, ânes et bœufs qui paissaient dans la campagne (1). La précision de ce passage, qui contraste avec la phraséologie habituelle de Dudon, est un garant de sa véracité, et il n'y a aucune invraisemblance à supposer qu'il nous ait transmis, sinon la teneur même, du moins une analyse de ces deux actes législatifs, pour lesquels il emploie à juste titre le terme technique de *bannum*. C'étaient, en effet, des ordonnances de police sanctionnées par des peines criminelles, qui, après avoir été arrêtées par le duc d'accord avec les grands seigneurs de la province, étaient ensuite publiées dans les villes, bourgs et villages, ainsi que sur les marchés par des crieurs publics (2). Wace, qui donne plus de détails que Dudon sur ces deux statuts, nous en fait connaître un troisième, qui se confond peut-être avec le second. Cette constitution aurait été plus importante que les précédentes et aurait

(1) « Denique in terra sue ditionis bannum (id est interdictum) misit, quod est prohibitio, ut nullus fur vel latro esset neque quis assensum malæ voluntatis ei præberet ».

« Denique interdixit ut nullus ferramenta aratri domum reportaret, verum in campo eum aratro relinqueret, et nullus post equum, asinumque atque bovem, ne perderet, custodem mitteret ». Dud., II, 31 (p. 171).

« N'i ait ki ost embler, ne altre cunsentir,
Que li cunsentanz deit od le larrun patir,
Lo jugement de l'un deit li altre suffrir »

« Es burcs fist e es viles e es marchiez crier
Que hom, ki a charue, ne terre volt arer,
A paiz seit, a paiz viegne, a paiz ait laburer;
Mar deignera les fers de sa charue oster,
Ne mucier desus ree, ne a ostel porter
Pur crieme de larrun, ne pur crieme d'embler,
Mar fera soc ne cultre ne apleit remuer;
Kar ja ne truvera ki les ost adeser,
E, se emblé li sunt, qu'il nes puisse truver,
Tant li fera li dus de ses deniers duner;
Bien purra li vilains soc e cultre achater ».
Rom. de Rou, 11e P., v. 1209-02, 1225-35.
(t. I, p. 82-83).

Le texte de ce passage de Dudon est très défectueux dans les éditions de Duchesne et de J. Lair : en effet, les mots « *id est interdictum* », qui font double emploi avec le membre de phrase « *quod est prohibitio* », paraissent être une glose ajoutée par un copiste ; il est probable aussi que ces deux phrases successives ne devaient pas commencer par l'adverbe *denique* et qu'il y a eu une confusion entre les abréviations de *deinde* et de *denique*.

(2) Ces vers de Wace sont le meilleur commentaire de l'expression *bannum* employée par Dudon :

« Par tute Normendie fist crier e banir
Qu'il n'i ait,...
Es burcs fist e es viles e es marchiez crier
Que hom,... »
Rom. de Rou, 11e P., v. 1191 et 1223 (t. I, p. 81-82).

établi la « paix du duc » dans toute l'étendue de la Normandie (1) : il était, en effet, défendu à tout homme d'en attaquer un autre, de le frapper, de le tuer, de l'assassiner, de lui tendre des embûches, d'incendier et de piller les maisons et les villages (2). Wace rapporte enfin une autre disposition législative, qui punissait le crime de félonie de la peine du feu ou de la pendaison, quelle que fût la condition du coupable (3). Il est assez difficile, à cause du classement défectueux des matières dans ces strophes du Roman de Rou, de savoir si les pénalités en matière de félonie avaient été prononcées par un acte spécial ou par un article du statut qui établissait la « paix du duc » en Normandie. Ces deux ou trois ordonnances, sur lesquelles les sources nous fournissent des renseignements positifs, constituent vraisemblablement avec un ou deux autres actes du même genre aujourd'hui perdus toute l'œuvre législative du fondateur de la dynastie ducale. En effet, malgré les assignations de terres qu'il a faites à ses compagnons d'armes, il ne semble pas avoir innové en matière de droit privé, ni apporté de sérieuses modifications soit au régime des biens (4), soit à la condition des personnes en Normandie.

(1) La protection accordée aux laboureurs et aux animaux domestiques n'est que la conséquence de la proclamation de la « paix du duc » dans toute la province.

(2)   « Paix ama [Rou] e paix quist e paix fist establir :
          Par tute Normendie fist crier e banir
          Qu'il n'i ait tant hardi ki ost altre asaillir,
          Maisun ne vile ardeir, ne rober, ne tolir,
          N'a hume faire asalt, ne tuer, ne mutrir,
          En estant ne a terre ne batre ne ferir,
          Agait e purpens faire, ne hume altre traïr ».
                    Op. cit., v. 1193-99 (p. 81).

Il est possible que Wace ait un peu amplifié pour les besoins de la versification le thème qui lui était fourni par la tradition orale.

(3)   « Ki fera felunie, se l'um le puet tenir,
          Ja n'iert si gentils hume qu'il ne face hunir,
          U en feu u en furche le mal espaneir »,
                    Op. cit., v. 1203-05 (p. 82).

(4) Lors du partage primitif, les terres, que Rollon distribua à ses lieutenants et à ses soldats, leur furent concédées non en qualité de bénéfices comportant un lien de vassalité, mais à titre de pleine propriété transmissible à leurs héritiers. En effet, le continuateur des *Gesta abbatum Fontanellensium* rapporte que saint Gérard, abbé de Saint-Pierre de Gand, ayant proposé à Richard I⁰ᵉ de lui restituer le corps de saint Wandrille, s'il le faisait rentrer en possession des domaines de l'ancienne abbaye de Fontenelle ruinée pendant les invasions, ce prince ne put décider les possesseurs de ces terres assignées jadis par son aïeul à les rendre : « Quo facto, murmur et contradictio fieri cœpit ab omnibus, qui se dicebant nequaquam posse carere propriis honoribus, quos sibi armis et sanguine prædecessorum suorum pepererat bellicosa virtus.. » (D'Achery, *Spicilegium*, t. II, p. 285. *Rec. des Historiens de France*, t. IX, *p.* 4). — Guillaume de Jumièges dit aussi que Guillaume Longue-Épée dut, pour restaurer l'abbaye de Jumièges, racheter à prix d'or des *alodarii* les terres dépendant de ce monastère qu'ils possédaient : « Abbatique locum cum tota villa tradidit, quam ab alodariis auro redemit », l. III, c. 8 (Duchesne, p. 236.)

Le changement de propriétaires n'a guère dû modifier l'état de chose existant, car l'on a

Le caractère pénal prédomine dans la législation de Rollon et elle se distingue par une extrême sévérité. Ces pénalités rigoureuses s'expliquent par la nécessité où s'est trouvé le conquérant, une fois en possession de la Normandie, de rétablir l'ordre et la sécurité dans ce pays dévasté depuis plus de soixante ans par les incursions des bandes de Vikings (1). Il était de son intérêt de rassurer les habitants de l'ancienne Neustrie, qui s'étaient réfugiés dans les provinces voisines et de les engager ainsi à rentrer au plus tôt dans leurs foyers pour cultiver les terres restées depuis longtemps incultes (2). Aussi punit-il de mort le vol et le brigandage (3), délits auxquels ses anciens soldats auraient été entraînés par les habitudes invétérées de pillage qu'ils avaient contractées dans leurs expéditions. C'est pour le même motif qu'il institua « la paix du duc » dans les campagnes, en accordant sa protection aux femmes (4) et aux laboureurs et en prenant sous sa sauvegarde les biens meubles de ses sujets, auxquels il garantissait comme souverain que tout ce qui leur aurait été dérobé leur serait restitué soit en

scandinave ressemblait beaucoup à l'*alodium* franc et était une terre patrimoniale restée dans la famille pendant plusieurs générations (Cleasby Vigfusson, *An icelandic english Dictionary*, Oxford, 1874, p. 470, c. 1, v° od'al. — J. Fritzner, *Ordbog over det gamle norske Sprog*, Christiania, 1891, t. II, p. 861, c. 1, v° od'al. — A. Kolderup-Rosenvinge, *Grundrids af den danske Retshistorie*, Kjœbenhavn, 1832, t. I, p. 225. — Fr. Brandt, *Forelæsninger over den norske Retshistorie*, Kristiania, 1880, t. I, p. 161.

L'un des principaux résultats de la conquête normande a été de diminuer la quantité des tenures en bénéfice et d'augmenter la proportion des terres allodiales, comme le prouve le grand nombre d'alleux qu'on rencontre en Normandie aux xi° et xii° siècles. V. L. Delisle, *Études sur la condition de la classe agricole en Normandie*, Evreux, 1851, p. 41 et 42, n. 59-61).

(1) Dudon fait envoyer par Rollon le message suivant à Charles le Simple : « Rollo non potest tecum pacificari, quia terra, quam illi vis dare, inculta est, pecudum et pecorum grege omnino privata hominumque præsentia frustrata... » II, 28 (p. 168).

> « Paisant se bois tresturnérent,
> Tant cum il porent, sujurnérent ».
> *Rom. de Rou*, Ire P., v. 364-5 (t. I, p. 23).

(2) « Securitatem omnibus gentibus in sua terra manere cupientibus fecit », Dud. II, 31 (p. 171).

(3) La peine généralement appliquée était la pendaison. — « Post hæc intra Normannicos limites legem statuit ut nullus assensum furi præberet; quod si deprehenderetur, ambo patibulis appenderentur ». Will. Gemmet., *op. cit.*, L. II, c. 20 (Duchesne, p. 232). — Dudon dit à propos du paysan de Longpaon et de sa femme : « Statim utrumque laqueo fecit suspendi crudelique morte finiri ». II, 32 (p. 172).

Wace a donné libre cours à son imagination et énuméré la plupart des supplices usités de son temps :

> « Larruns e robeurs faiseit tus desmembrer,
> Crever olla, ardre, u pendre, u plest a puins colpor ».
> *Rom. de Rou*, IIe P., v. 1222-23 (t. I, p. 82).

(4) On trouve cette règle indiquée par Wace dans une anecdote relative à Richard Ier :

> « Femme deit aveir partut pais ».
> *Rom. de Rou*, IIIe P., v. 545 (t. II, p. 51).

nature, soit en argent (1), et que le coupable serait châtié. Cet ensemble de dispositions était complété par l'interdiction de toutes violences et de tous attentats contre les personnes. Les peines édictées pour le maintien de la paix devaient s'appliquer indistinctement à tous les sujets du duc aussi bien aux indigènes (2) qu'aux colons danois ou norvégiens fixés à demeure dans les territoires conquis. Grâce à ces mesures énergiques Rollon réussit à repeupler assez rapidement la province et à faire vivre en paix les envahisseurs et les vaincus (3).

La question la plus délicate que soulèvent les lois du premier duc de Normandie est de déterminer la source à laquelle elles ont été empruntées. Elles ne s'inspirent assurément ni du droit franc (4), ni des lois anglo-saxonnes (5) : ces deux législations, en effet, ne répriment pas le vol avec autant de rigueur et accordent généralement au coupable la faculté de racheter sa vie moyennant le paiement d'une composition. Les lois de Rollon n'admettant pas ce tempérament, on doit plutôt, avec M. J. Steen-

(1)
« E se emblé li sunt qu'il nes puisse traver,
Tant li fera li dus de ses deniers duner,
Bien purra li vilains soc e cultre achater ».
Ibid., IIe P., v. 1233-35 (t. I, p. 83).

(2) Dudon, après avoir raconté la légende du paysan et de sa femme, ajoute : « Hoc judicium exterruit habitatores terræ nullusque ausus est postea furari vel latrocinari, atque sic quievit terra vacua furibus et latronibus. Continua igitur pace diuturnaque requie lætabantur homines, sub Rotberti ditione securi morantes, locupletesque erant omnibus bonis, non timentes exercitum ullius hostilitatis », II, 32 (p. 172-173).

(3) « Illam terram... diu desertam reædificavit atque de suis militibus advenisque gentibus refertam restruxit... atque pacifica conversatione morari simul coegit ». Dud., II, 31 (p. 171). — « Is [Rollo]... optima... jura legesque æquissimas domi militiæque prudenter instituit, quibus omnis generis universarumque artium homines brevi tempore sibi conciliavit atque unum ex diversis gentibus populum effecit... » *Gesta abbatum Fontanellensium, App. II* (D'Achery, *Spicilegium*, t. II, p. 285 ; *Rec. des Hist. de France*, t. IX, p. 3).

(4) « Si quis ingenuam personam per furtum ligaverit... et sic latro redimendi se habeat facultatem ; si facultas deest... et si non redimitur, vita carebit ». *Pactus Childeberti regis pro tenore pacis* (511-558), 1 (*Monumenta Germaniæ*, in-4°. Leges, Sectio II. *Capitularia regum Francorum*, t. I, p. 4 et 5. — Cf. *Capitulare Pippini, Italiæ regis* (782-786), 8 ; *Edictum Pistense*, 28 (864) (*Op. cit.*, t. I, p. 193, et t. II, p. 322).

(5) D'après les lois de Withræd (695-696), le roi a le choix, en cas de vol, de faire mettre à mort le coupable, de le vendre outre-mer comme esclave ou d'accepter son wergeld (§§ 25, 26. R. Schmid, *Die Gesetze der Angelsachsen*, p. 18. — F. Liebermann, *Die Gesetze der Angelsachsen*, Halle, 1898, t. I, p. 14). Les lois d'Alfred (890-901) permettent de racheter la peine du vol sacrilège (la perte de la main) (§ 6. Schmid, p. 74 ; § 7. Liebermann, p. 53). C'est seulement, à partir d'Athelstan (925-935), que la peine de mort est prononcée contre le voleur âgé de plus de douze ans, quand l'objet volé a une valeur de plus de huit deniers, sans qu'il puisse s'y soustraire un payant la composition (II, §§ 1, 20, 3. Schmid, p. 131 et 143 ; Liebermann, p. 151 et 161).

3

strup, leur attribuer une origine scandinave. Celui-ci suppose que le conquérant de la Normandie n'aurait fait qu'adapter à la situation nouvelle le petit code de justice militaire qui régissait ses soldats au temps de leur vie nomade sur les côtes de l'Europe occidentale (1). Il tire ensuite de cette hypothèse la conséquence que le droit ainsi importé dans le pays cédé aux Normands était le droit danois. Il invoque d'abord, à l'appui de son opinion, un passage où Dudon rapporte qu'un roi de Danemark nommé Haigrold ou plutôt Harald (2), venu au secours de Richard Ier encore enfant faisait observer les lois et les statuts de Rollon dans le Cotentin et dans le Bessin (3), pays qui avaient été confiés à sa garde (4). Cet argument n'est pas décisif, parce qu'il est très douteux que le personnage ainsi mentionné soit le roi de Danemark Harald II Aux dents bleues (*blá- tönn*), fils de Gorm, qui régna de 936 environ jusqu'au 1er novembre 986 (5). D'ailleurs, en supposant même que le chef de l'expédition, qui

(1) « Il est évident que son armée [de Rollon] avait déjà sa législation propre avant la conquête; le prince y a ajouté quelques suppléments et il l'a mise en vigueur dans la province ». *Indledning*, p. 334 et 340. *Études préliminaires*, p. 374-375.

(2) « Northmannorum optimates miserunt ad Haigroldum, regem Daciæ, nobilioris et ditioris potentiæ militem (Duchesne, Lair : milites), ut Ricardo, Willelmi magni ducis filio, suo consanguineo, succurrere festinaret... Haigroldus vero, rex Daciæ magnanimus, ob amorem Ricardi, sui propinqui, legatos Northmannorum honorifice suscepit, constructisque navibus... ad littora Salinæ Corbonis, qua Diva... mari se infundit... venit ». Dud., III, 84 (p. 239 et 240). Guillaume de Jumièges (L. III, c. 9, Duchesne, p. 237) et Wace, IIe P., v. 1776-1781 (t. I, p. 103) le font arriver du vivant de Guillaume Longue-Épée. — Les *Annales Nivernenses* seules donnent le nom de ce personnage sous sa véritable forme *Araldum*, mais placent, en 954, les événements auxquels il a été mêlé. (*Monumenta Germaniæ*, in-f°, *Scriptores*, t. XIII, p. 89.)

(3) « Interea rex Haigroldus Northmannos pagensesque omnes ad fidelitatem Ricardi pueri vicissim consolidabat; jura, legesque et statuta Rollonis ducis tenere per omnia cogebat »; Dud. III, 88 (p. 245).

(4) Flodoard et Richer disent simplement que Harald commandait à Bayeux : « Haigroldus Nordmannus, qui Bajocis præerat (*Annales*, ann. 945, ed. Ph. Lauer, p. 98; Richer, *Historiarum Libri IV*, *Monumenta Germaniæ*, *Scriptores*, t. III, 11, 47, p. 598); mais Guillaume de Jumièges assure qu'il reçut la jouissance du Cotentin avec mission de le défendre contre l'ennemi, c'est-à-dire contre les Bretons : « Quem... dux cum honore congruo recipiens, Constantiensem comitatum ad præsidium concessit... » (*loc. cit.*). Dudon, préoccupé de dissimuler le recul de la domination normande dans cette région devant l'offensive prise par les comtes bretons, raconte que les habitants du Cotentin et du Bessin se sont mis spontanément sous les ordres de Harald *propter amorem Ricardi pueri* (III, 84, p. 240). Wace, qui est né à Jersey et connaissait bien les traditions locales, fait séjourner Harald à Cherbourg (IIe P., v. 2869-70, t. I, p. 143).

(5) Il y a tout lieu de croire que le roi de Danemark, Harald, dont nous connaissons l'histoire par Adam de Brême et d'autres sources dignes de foi, n'est jamais venu en Normandie (*Gesta Hammaburgensis ecclesiæ pontificum*. L. II, 22-26. *Monumenta Germaniæ*, *Scriptores*, t. VII, p. 313-315). Mais l'erreur des historiens normands s'explique par la circonstance qu'il y avait alors trois autres princes danois ou norvé-

vint prêter son concours aux régents du duché de Normandie contre le roi de France, ne fût pas de race danoise, il eût pu, en qualité d'allié de Richard Ier, faire observer les lois établies par l'aïeul du jeune prince. L'historien danois allègue ensuite les analogies qui existent entre les lois de Rollon et d'anciennes codifications de droit scandinave, dont Saxo Grammaticus nous a conservé des fragments qui sont attribués à un roi de Danemark de l'époque légendaire nommé Frodi. Ces deux textes juridiques présentent, en effet, de grandes ressemblances sur quelques points : ainsi les lois de Frodi, comme celles de Rollon, punissaient de mort le vol et le brigandage et infligeaient la même peine au complice qu'à l'auteur du délit (1); de même, si le conquérant de la Normandie défendait aux laboureurs d'emporter chez eux les fers de la charrue qu'ils laissaient dans les champs, le roi danois de la légende interdisait de fermer les maisons et les coffres à l'aide de serrures et de garantir ses biens au moyen de clôtures et promettait, en cas de vol, la restitution au double des objets perdus (2). Mais ces analogies ne sont pas assez nombreuses pour qu'on puisse croire qu'il ait été fait des emprunts directs à la compilation des lois de Frodi. Rollon paraît s'être plutôt inspiré des mesures législatives, qui furent prises dans les pays du Nord, vers la fin du ixe siècle, pour réprimer les atteintes au droit de propriété (3) à la suite d'une réaction contre les excès commis par les Vikings de retour dans leurs foyers. Ce mouvement avait d'ailleurs été secondé par l'établissement d'un pouvoir central fortement constitué dans chacun des trois royaumes scandinaves, grâce aux efforts de Gorm l'Ancien en Danemark, de Harald Aux beaux cheveux (*hârfagri*) en Norvège, et d'Eirik Emundsson en Suède (4).

giens, qui portaient ce nom et ont pris part à des expéditions de Vikings : Gull-Harald, fils de Knut Dana-Âst, fils aîné de Gorm l'Ancien († 963), Harald Grâfeld, fils d'Eirik Blôdôxe, roi de Norvège († 936) et Harald Grenski († 995), roi de Vestfold, qui était alors tributaire du Danemark. Cf. Allen, *Histoire de Danemark*, traduit par E. Beauvois, Copenhague, 1878, t. I, p. 62-63. — J. Steenstrup, *Danmark Riges Historie*, Kjœbenhavn, 1905, t. I, p. 328-331.

(1) « Statuit etiam ut in eum, qui furi ignosceret, furti pena recideret ». *Saxonis Grammatici Gesta Danorum*, L. V, herausgegeben von Alfr. Holder, Strasbourg, 1886, p. 152.

(2) « Preterea sanxit ne quis rem familiarem seris mandare presumeret, duplum ex fisco regis amissorum precium recepturus; quam si quis arcarum claustris observandam duxisset, aureo libre regi debitor fieret », *Ibid.* On trouve plus loin des dispositions analogues applicables aux Norvégiens (p. 164).

(3) M. J. Steenstrup fait remarquer avec beaucoup de raison que la répression sévère des atteintes au droit de propriété caractérise spécialement la fin de l'époque des Normands. *Indledning*, p. 340. *Études préliminaires*, p. 381, et la Knytlinga Saga à propos de saint Cnut, roi de Danemark (1080-86). Dans les lois anglaises de Cnut le Grand, roi de Danemark et d'Angleterre (1014-1036), le voleur est puni de mort (II, 26, 64. Schmid., *op. cit.*, p. 287 et 305).

(4) K. Maurer, *Die Entstehung des Isländischen Staats*, Munich, 1852, p. 16-20.

Quelques historiens du droit se sont demandé si les lois de Rollon étaient restées en vigueur un certain temps après sa mort (1). La persistance de la législation de ce prince sous son fils et son petit-fils n'est cependant pas douteuse; car elle est attestée par Dudon à plusieurs reprises. Celui-ci rappelle d'abord dans deux passages différents que Guillaume Longue-Épée faisait observer strictement les lois et décrets de son père et condamnait les coupables aux peines que ce dernier avait édictées (2). Il rapporte encore que le chef danois Harald veillait à l'application en Basse-Normandie des lois de Rollon pendant la minorité de Richard Ier (3) et que ce dernier, devenu majeur, contenait les populations de la province par la crainte des lois établies. Le doyen de Saint-Quentin ne se contente pas de ces allusions en termes généraux; il se réfère même spécialement aux deux principaux statuts du premier duc lorsqu'il dit plus loin que, sous son petit-fils, nul n'eût osé faire tort à quelqu'un, ni dérober quelque chose à autrui (4). Wace, qui développe la pensée de Dudon en le traduisant, assure que, du temps de Richard Ier, personne n'osait voler, piller, com-

(1) « Hrolf may have published laws, in particular laws about theft, but what we hear of them will hardly dispose us to think that they would remain in force for long ». Pollock and Maitland, op. cit., t. I, p. 65.

(2) Dudon dit à propos de Guillaume Longue-Épée : « Nullus audet alii in regno suo præjudicium facere, nullus furtum et sacrilegium perpetrare... » III, 52 (p. 196). — « Statimque [Willelmus] cœpit exercere leges et jura paternaque decreta, quæ erant illo absente neglecta. Jurgia et querelas lege definiens determinabat omnesque legibus aut concordia pacificabat... » III, 58 (p. 200).

Wace attribue à Guillaume Longue-Épée des mesures qui donnèrent plus d'extension à la « paix du duc ».

> « Bone paix tint partut, ki que volt si gaaigne,
> N'i a riche ne povre ki altrui maisun fraigne,
> S'il en puot estre ateins, ki sains e sals remaigne.
>
> . . . .
>
> N'esteit hom taut hardiz ki fruissast un chemin.
>
> . . . .
>
> N'estuveit mie querre par la terre cunduit ».
>
> Rom. de Rou, IIe P., v. 1519-21, 1544, 1546 (t. I, p. 93).

Mais ces dispositions paraissent bien plutôt appartenir au règne de Richard Ier, alors que la sécurité était telle en Normandie qu'on pouvait circuler sur les routes sans sauf-conduit. L'innovation consistait à mettre sous la protection du duc certains endroits strictement limités, comme les maisons et les grands chemins, et certaines catégories de personnes ; Rollon avait pris sous sa sauvegarde les laboureurs ; il est fort possible que Richard Ier ait accordé aux femmes la même faveur; car c'est dans un passage relatif à ce prince que Wace lui fait dire : « Femme deit aveir partut pais ». Op. cit., IIIe P., v. 546 (t. II, p. 51).

(3) V. p. 587, n. 3.

(4) Dudon, dans le portrait très élogieux qu'il fait de Richard Ier, s'exprime à peu près dans les mêmes termes en insistant toutefois sur le maintien des « lois établies » : « Angebat populos statuta legibus... Vix nemo audebat in regno suo præjudicium acere nullusque cuique quicquam subripere... » IV, 106 (p. 269).

La formule employée par Dudon en parlant de Richard Ier : « Angebat populos sta-

mettre une agression ou un meurtre sans s'exposer à perdre la vie ou un membre. On retrouve nettement indiquées dans le *Roman de Rou* les deux dispositions qui caractérisent l'œuvre législative du conquérant de la Normandie, la répression sévère du vol et du brigandage et l'interdiction de toute violence contre les personnes (1). Il est très probable que les lois du premier duc demeurèrent en vigueur pendant le règne de Richard II et peut-être aussi sous les fils de ce prince, Richard III et Robert le Magnifique (2). Elles tombèrent vraisemblablement en désuétude pendant la période de troubles et d'anarchie qui s'est écoulée depuis le départ du duc Robert pour la Terre-Sainte jusqu'à la majorité de son fils Guillaume le Bâtard. Peut-être celui-ci a-t-il repris certaines dispositions édictées par le fondateur de la dynastie pour les incorporer dans quelques-uns de ses actes législatifs.

Sous les premiers successeurs de Rollon les assemblées d'anciens chefs de l'armée transformés en seigneurs terriens ont été peu fréquentes. Quand il

tutis legibus » (IV, 106, p. 269), indique nettement qu'il s'agissait de lois précédemment établies. D'ailleurs Wace ne fait guère dans les strophes consacrées à ce duc que reproduire ce qu'il a déjà dit à propos de Rollon :

> « En droit Richart n'est mie la justice afieble ;
> Il destreint les baruns et les feluns chastie ;
> N'i a ki ost emblér ne faire roberie,
> N'i a ki altre assaille ne ki altre desdie [destruie],
> Se il puet estre ateinz, ne perde membre u vie.
>
> Ne suffrl en la terre robeur ne larrun,
> S'il puet estre ateinz, qu'il eust rèançun,
> Qu'il ne fust mis as furches u a destruction ».

> *Rom. de Rou*, IIᵉ P., v. 2047-51 ; v. 3080-2 (t. I, p. 113 et 150).

(1) Le seul acte législatif de Richard Iᵉʳ qui nous soit parvenu est un règlement de police peu important, dont Wace a donné une analyse :

> « As egliscs fist cumander
> E as marchiez crier
> Que mais n'i ait cors aui guerpi
> De si que l'en l'est enfui ».

> *Rom. de Rou*, IIIᵉ P., v. 333-6 (t. II, p. 42-43).

Cf. Wace, *Chronique ascendante*, v. 264-5 (t. I, p. 216).

(2) Les dernières allusions à la persistance de la législation de Rollon et de ses successeurs se rencontrent :

D'abord dans la Vie de Lanfranc par Milon Crispin, qui dit en parlant d'Herluin ou Hellouin, le fondateur de l'abbaye du Bec : « Abbas peritus erat in dirimendis causarum sæcularium controversiis... legum patriæ scientissimus. » *Lanfranci Opera*, ed. J. A. Giles, Londres, 1844, t. I, p. 270.

Dans ce passage de Guillaume de Poitiers relatif au siège de Domfront par Guillaume le Conquérant : « Deferre haud quaquam volebant dominum, sub quo licenter quæstum introciniis contraherent, quali causa seducti fuerant inhabitantes Alentium. Non ignorabant quam in Normannia esset invisus latro quam prædo, quam recto usu uterque supplicio addiceretur et quod neuter parvo absolveretur. Suis maleficiis eundem legis metuebant usum ». *Gesta Guillelmi ducis* (Duchesne, *op. cit.*, p. 182).

n'y avait pas de modifications à apporter au droit de la province, leur
rôle était plus politique que législatif : il se bornait d'ordinaire à rati-
fier la désignation faite par le duc régnant, de son successeur et à prêter le
serment de fidélité à ce dernier lors de son avènement; leur intervention
était encore nécessaire quand le souverain de la Normandie déclarait la
guerre à un peuple voisin ou faisait la paix avec lui (1). Vers la fin de 939
ou dans les premiers mois de l'année 940, au moment où Guillaume
Longue-Épée aurait songé à embrasser la vie monastique et à se retirer à
l'abbaye de Jumièges, celui-ci convoqua à Rouen les principaux personnages
du duché et leur demanda d'agréer le choix qu'il avait fait pour le remplacer
du fils de Sprota, Richard encore enfant, et de lui jurer fidélité (2). Au
printemps de l'an 940, il alla passer les fêtes de Pâques et de la Pentecôte
auprès de son fils, qui résidait alors à Bayeux ou dans une villa ducale des
environs, sous la garde de Boton, son sénéchal, pour y apprendre le
« danois ». Il profita de sa présence dans cette région, qui avait fourni à
Rioul la plupart de ses partisans, pour réunir à Bayeux un certain nombre
de grands seigneurs et de chevaliers du Bessin et du Cotentin (3) et leur
faire reconnaître de nouveau pour héritier du duché le jeune Richard, qui
parait avoir été dès lors associé à la couronne ducale (4).

(1) Dudon affirme la nécessité de cette intervention : « Jura et leges sempiternas,
voluntate principum sancitas et decretas, plebi indixit ». II, 31 (p. 171). Au mois de
mars 1107, Henri Ier, roi d'Angleterre et maître incontesté de la Normandie, ne manque
pas de s'y conformer : « Item rex concilium apud Luxovium tenuit et necessaria subjectis
plebibus edicta ex consultu magnatorum provide sanxit et regali potestate ». Ord. Vital.,
Hist. eccles., t. IV, p. 269. M. L. Valin a bien caractérisé cette approbation des ordonnances ducales en disant qu'elle parait avoir été une formalité substantielle qu'on ne
manquait pas d'observer dans la pratique ». *Le duc de Normandie*, p. 173. — Les
assemblées du peuple avaient, en Danemark et dans les autres États scandinaves, les
mêmes attributions. Stemann, *Den danske Retshistorie*, p. 68, 72-73.

(2) « Idcirco Northmannorum... principibus ascitis adductoque puero nomine Ricardo
Willelmus,... respondisse fertur : ... precor vos ut consiliis meis faveatis et filium
meum Ricardum ducem vobis, me superstite, eligatis,... Igitur continuo Northmanni...
commendaverunt se Ricardo unanimes, sacramento vero fidei illi se connectentes... »
Dud., III, 58 (p. 202-203).

(3) « Dux vero Willelmus, ob amorem dilectissimi filii sui, Pascha ipsius anni Bajocas
celebravit, coadunatis optimatibus... Northmannicæ... regionis, et illic moratus est
donec essent transacti sacræ solemnitatis Pentecostes dies festivi. Cupiens autem infantem
Ricardum suorum fidelium sacramento et juramento in regno confirmari et sublimari... »
Dud., IV, 68, p. 222.

(4) D'après J. Lair, la désignation par Guillaume Longue-Épée du jeune Richard pour
son successeur aurait eu lieu en 940. Or, il y a eu deux réunions de grands seigneurs
à cette occasion : l'une, qui a dû être tenue à Rouen alors que le prince séjournait à
Quevilly vers la fin de 939 ou dans les deux ou trois premiers mois de l'année suivante;
l'autre, qui eut lieu vraisemblablement à Bayeux, entre le 29 mars 940 (Pâques) et le
17 mai (Pentecôte). V. Dud., III, 67 (p. 230, n. 4; p. 202, n. 4.

Dudon mentionne encore des réunions de *principes* ou d'*optimates* dans quelques circonstances de la vie de Richard Ier : ils jurent ainsi, à l'assemblée de Gisors (juin ou juillet 966), d'observer la paix conclue par celui-ci avec le roi de France, Lothaire, et Thibaud, comte de Chartres (1) ; après la mort de la première femme du duc, Emma, fille de Hugues le Grand, décédée sans postérité dans le cours de l'année 968, ils s'associent au clergé de la province pour presser leur souverain de légitimer par un mariage religieux l'union irrégulière qu'il avait contractée avec Gunnor (2). Wace affirme que ce prince « a établi de bonnes lois par toute la Normandie », et dans ce cas, il aurait eu encore l'occasion de consulter les principaux membres de l'aristocratie normande. Toutefois, malgré cette assertion, il est probable que le petit-fils de Rollon s'est contenté de faire appliquer plus strictement les lois de son aïeul et que, s'il les a complétées, c'est surtout en donnant plus de développement à la « paix du duc » instituée par le conquérant de la Normandie. D'ailleurs ces actes législatifs ont dû être peu nombreux et ils ont disparu sans laisser d'autres traces que les allusions assez vagues qu'on rencontre dans le *Roman de Rou* (3). Sir Francis Palgrave a prétendu que Richard Ier exerçait sur ses sujets un pouvoir arbitraire et sans contrôle (4). Cette opinion est certainement erronée ; car, si l'initiative et la mise à exécution des lois appartenaient exclusivement au duc, celles-ci ne pouvaient être appliquées qu'après avoir été approuvées par l'assemblée des barons. On trouve dans le passage d'un

(1) L'intervention des *principes* n'est mentionnée qu'à propos de la convention spéciale à Richard Ier et à Thibaut le Tricheur : « Allatis igitur sanctorum pignoribus, fœderati sunt. Similiter utriusque comitis consiliarii hæc eadem veræ fidei sacramento auctorizarunt ». Dud., IV, 117 (p. 280). Dans le passage relatif à l'assemblée de Gisors, Dudon, soit maladresse, soit flatterie, a adopté une rédaction, qui laisserait croire que le roi de France et les grands seigneurs français seuls auraient juré de respecter l'intégrité du territoire normand alors qu'il a été certainement échangé des serments réciproques : « Decurso igitur tempore desiderati placiti, venit rex Lotharius super Eptæ fluviolum cum Francigenis pepigitque duci Ricardo fidem inextricabilis pacis; juravitque ipse et optimates regni Northmannicum regnum ipsi ejusque posteris, quatinus ipse et nemo, se hortante, damnum illius regiminis minime faceret illi ». IV, 124 (p. 287). V. pour la date de l'assemblée de Gisors, F. Lot, *Les derniers Carolingiens* (Bibl. de l'École des Hautes-Etudes, Fasc. 87), Paris, 1891, p. 57 et 354 (App. VIII).

(2) « Northmannorum vero optimates... « Hanc tibi inextricabili maritalis fœderis privilegio protinus connecte... » Huic igitur consilio libenter dux sanctissimus Ricardus favens, ascitis episcopis cum clero satrapisque cum populo, eam lege maritali desponsavit... » Dud., IV, 125 (p. 289). V. Wace, *Rom. de Rou*, IIIe P., v. 611-619 (t. II, p. 53).

(3) « Par tute Normendie establi bones leis » *Rom. de Rou*, IIe P., v. 4128 (t. I, p. 187).

(4) « Supreme Judge, sole Legislator, Guillaume Longue-Epée was born to absolute Sovereignty... No Code, no Doom-book existed, whose precepts bridled his caprice or regulated his discretion... He spake the law, he gave the law, he made the law, he executed the law... » *History of Normandy*, t. I, p. 257-258.

appendice des *Gesta abbatum Fontanellensium* cité précédemment la preuve que l'autorité soi-disant despotique des premiers successeurs de Rollon ne pouvait pas toujours triompher de la résistance de leurs sujets (1).

La plus importante des modifications apportées à la constitution du duché dans le courant du x⁰ siècle est l'introduction de l'élément ecclésiastique dans les assemblées de l'aristocratie normande. L'archevêque de Rouen, dont les rapports avec la cour ducale étaient fréquents, fut sans doute le premier à bénéficier de cette situation ; mais la même faveur ne tarda pas à s'étendre à tous les évêques de la province, sans qu'il soit possible toutefois d'indiquer de date précise. Cette innovation était un fait accompli en 968 : le 18 mars de cette année, Richard I⁰ʳ fit restituer à l'abbaye de Saint-Denis le domaine de Berneval-sur-Mer, près de Dieppe, qui avait été usurpé par un évêque nommé Aillemond. Dans ce diplôme la souscription de l'archevêque de Rouen, Hugues, précède non seulement celles de tous les seigneurs laïques, mais encore celles du duc de France, Hugues Capet, et de Richard lui-même (2). La prééminence de l'archevêque de Rouen ne fit que s'accentuer à partir de 990, quand ce siège archiépiscopal fut occupé par des membres de la famille ducale, Robert, fils de Richard I⁰ʳ et de Gunnor, et Mauger, fils de Richard II et de Papie ou Pavie. La tradition carolingienne, brusquement interrompue pendant près d'un siècle par les invasions normandes, se trouva ainsi rétablie, sinon par le fils, du moins par le petit-fils du conquérant. L'intervention des évêques dans les affaires publiques a eu, du reste, une très heureuse influence sur le développement de l'organisation administrative et des institutions de la Normandie ; car l'Eglise a fourni aux princes normands des hommes d'État de grand mérite, comme Geoffroi de Montbray, évêque de Coutances, Lanfranc, archevêque de Cantorbéry, et Roger, évêque de Salisbury.

En 996, Richard I⁰ʳ, voyant le mal dont il était atteint s'aggraver, appela auprès de lui son frère utérin, Raoul, comte d'Ivry, et les grands personnages de sa cour et désigna pour son successeur Richard, l'aîné des enfants qu'il avait eus de Gunnor ; les assistants s'empressèrent d'agréer ce choix et de jurer fidélité au jeune prince (3). Quant aux autres fils du duc,

---

(1) V, p. 584, n. 4.

(2) « Ego... Ricardus nomine, Normannorum provi???a marchio... Actum Britnevallis jussu domni Ricardi, inclit comitis, xv calendas aprilis, anno xiv⁰ regnante Hlothario rege, indictione xi⁰.

Signum Hugonis archiepiscopi. S. Hugonis, Francorum ducis. S. Ricardi, Normannorum principis... ». *Rec. des Historiens de France*, t. IX, p. 731-732.

(3) « Quum autem [Ricardus I] Fiscanni palatio adesset, dicit comes Rodulfus, scilicet frater ejus, ad eum coram cæteris fidelibus... « Domine... dic... nobis quis filiorum tuorum hæres erit in regno ditionis tuæ », Tunc ille : « Qui fungitur meo nomine, vestri consilii auctoritate, dux et comes hæresque erit hæreditatis meæ ». Tunc comes Rodulfus :

ils devaient recevoir les apanages que celui-ci avait indiqués au comte d'Ivry et qu'ils tiendraient de leur frère aîné en qualité de vassaux. Trente ans plus tard, en 1026, la même scène se renouvelait au palais de Fécamp, où Richard II, sentant sa fin approcher, avait convoqué les principaux seigneurs de Normandie, parmi lesquels se trouvait son frère puîné, Robert, archevêque de Rouen. Le prince mourant leur déclara qu'il laissait le duché à son fils aîné Richard et le comté d'Hièmois à Robert, son second fils, à charge d'en faire le service à son aîné (1). Richard III régna à peine une année et, à sa mort, son frère Robert lui succéda sans aucune difficulté (2). Quand ce prince se fut décidé à partir pour la Terre-Sainte, il se préoccupa d'organiser la régence et de faire prêter par les barons le serment de fidélité à l'héritier du duché, le jeune Guillaume (3).

Les précautions prises par les premiers ducs de Normandie pour faire reconnaître leur successeur de leur vivant n'étaient pas inutiles pour écarter les compétitions ; car, par une sorte de fatalité, la plupart des unions légitimes qu'ils contractèrent ne furent pas fécondes (4) et, parmi les six suc-

« Quid de cæteris, domine ? » Respondit : « Illis mei filii Ricardi sacramento veræ fidei fidelibus effectis, manibus illorum ejus manibus vice cordis datis, largietur terram quam demonstravero tibi, qua vivere honorifice possint ». Dud., IV, 128 (p. 297). — Wace, *Rom. de Rou*, IIIᵉ P., v. 737-750 (t. II, p. 58).

(1) « Richardus dux... cœpit vehementer aggravari ægritudine corporis. Robertum ergo archiepiscopum et cunctos Normannorum principes apud Fiscannum convocat eisque se jam omnino resolvi indicat... Novissime autem ascitum Richardum filium suum consultu sapientum præfecit suo ducatui et Robertum, fratrem ejus, comitatui Oximensi, ut inde illi persolveret debitum obsequii ». Will. Gemmet., V., c. 17 (Duchesne, p. 257.) — Wace, *Rom. de Rou*, IIIᵉ P., v. 2217-2236 (t. II, p. 119).

(2) « Decedente igitur duce Richardo... Robertus, frater ejus, totius monarchiæ comitatus ab omnibus subrogatur. » Will. Gemmet., VI, c. 3 (Duchesne, p. 258).

(3) « Robertum ergo archiepiscopum cum optimatibus sui ducatus accersivit et illis velle se appetere Hierosolymitanam peregrinationem manifestavit... Exponens autem eis Willelmum filium suum, quem unicum apud Falesiam genuerat, ab eis attentissime exigebat, ut hunc sibi loco sui dominum eligerent et militiæ suæ principem præficerent. Qui... juxta decretum ducis protinus eum prompta vivacitate suum collaudavere principem ac dominum, pangentes illi fidelitatem non violandis sacramentis. Dux itaque Robertus, postquam hæc ad votum explevit, filium suum fidelibus et sensatis tutoribus et auctoribus usque ad legitimam ætatem subegit ». Will. Gemmet., VI, c. 12. (Duchesne, p. 266.) — Wace, *Rom. de Rou*, IIIᵉ P., v. 2935-36, 2955-2978 (t. II, p. 148-149).

(4) Guillaume Longue-Épée n'a pas eu d'enfants de son mariage avec Leutgarde, seconde fille du comte de Vermandois, Herbert II, qui se remaria à Thibaut Iᵉʳ le Tricheur, comte de Blois. Dud., III, 47 (p. 193). — L'union de Richard Iᵉʳ avec Emma, seconde fille du duc de France, Hugues le Grand, ne fut pas plus féconde ; car elle est morte sans postérité en 968. Dud., IV, 93, 125 (p. 251, 288). — Quant à Richard III, il semble être mort avant d'avoir réalisé son mariage avec Adèle, fille du roi de France, Robert, et de Constance, avec qui il s'était fiancé en 1026. D'Achery, *Spicilegium*, t. III, p. 190. Cf. Freeman, *Norman conquest*, t. III, App. O, p. 657. — Quant au prétendu mariage de Rollon avec une fille de Charles le Simple, il est extrêmement douteux, malgré les assertions de Dudon, II, 31 (p. 171).

cesseurs immédiats de Rollon, on compte trois bâtards, Guillaume Longue-
Épée, Richard Iᵉʳ et Guillaume le Conquérant, un enfant naturel légitimé
par mariage subséquent, Richard II (1), et seulement deux fils légitimes,
Richard III et Robert, issus du mariage de Richard II avec la comtesse
Judith de Bretagne. Il est possible que, dans les premiers temps de la conquête, le mariage *more danico* (2) ait été considéré comme suffisant pour
assurer aux enfants qui en étaient nés des droits à la couronne, mais,
lorsque les idées chrétiennes se furent implantées parmi les descendants des
compagnons de Rollon, la nécessité d'un mariage devant l'Église ne tarda
pas à s'imposer, comme le montre la démarche faite par les seigneurs normands auprès de Richard Iᵉʳ à propos de ses relations avec Gunnor.

La mort prématurée de Robert le Magnifique (7 juillet 1035), vint
remettre en question le principe de l'hérédité que ses prédécesseurs s'étaient
montrés si soucieux de maintenir et déchaîner les convoitises des branches
collatérales de la maison ducale. L'occasion était on ne peut plus favorable ;
car la lignée de Rollon n'était plus représentée que par un enfant de huit
ans né d'une concubine de condition médiocre et dont les droits à l'héritage de son père étaient très contestables. Les ambitions des familles rivales
ne tardèrent pas à amener des luttes sanglantes : le régent du duché de

---

(1) La légitimation des enfants de Gunnor est attestée par Guillaume de Jumièges : « Cum
vero idem comes quendam filium suum nomine Robertum vellet fieri archiepiscopum
Rotomagensem, responsum est ei a quibusdam hoc nullatenus secundum scita canonum
posse, ideo quod mater ejus non fuisset desponsata. Hac itaque causa comes Richardus
Gunnorem comitissam more christiano sibi copulavit, filiique, qui jam ex ea nati erant,
interim dum sponsalia agerentur, cum patre et matre pallio cooperti sunt et sic postea
Robertus factus est archiepiscopus Rotomagensis ». VIII, c. 36 (Duchesne, p. 311-312).

Ce mariage a dû avoir lieu peu de temps avant 990 et la légitimation s'appliquait aux
deux fils aînés, Richard et Robert. Wace dit en effet :

> « Ricard tint Gunnor lungement
> Ainz ke il espuser la voulist »,
>
> (*Rom. de Rou*, IIIᵉ P., v. 611-612 (t. II, p. 53).

L'union première de Richard Iᵉʳ et de Gunnor était très vraisemblablement un
mariage *more danico*, ainsi que le laisse entendre Dudon : « Virgini ex famosissima nobilium Dacorum prosapia, Gonnor vocatæ... se connexuit eamque prohibitæ copulationis
fœdere sortitus est amiabiliter ». IV, 125 (p. 289). L'historien distingue du reste cette
union des relations que le duc avait eues avec des concubines.

(2) Le mariage *more danico* était le mariage légitime de l'ancien droit scandinave :
il consistait en un achat de la personne même de la femme (*brud'kaup*) dans la période
primitive, et, à l'époque des invasions, de la puissance que le père ou le tuteur de la
femme avait sur celle-ci. Dudon en indique du reste le véritable caractère : « Dedit itaque
Hugo dux magnus Ricardo nobilissimo adolescenti filiam suam firmamento sacramenti,
non tamen statuta lege fescenninæ coemptionis, verum denominato juratoque termino
connexionis connubialis ». IV, 93 (p. 251). V. Kolderup-Rosenvinge, *Grundrids af den
danske Retshistorie*, t. I, p. 152. — Stemann, *Den danske Retshistorie*, p. 320. — Vigfusson, *op. cit.*, p. 83, c. 2, vᵒ *brud'kaup*; p. 437, c. 2, vᵒ *mundr*. — Freeman, *Norman
conquest*, t. I, p. 624, Appendix X.

Normandie, Alain III, comte de Bretagne et cousin germain des deux derniers ducs meurt empoisonné (1), Gilbert, comte d'Eu et de Brionne, grand
oncle et tuteur du jeune prince, Osbern de Crépon, son cousin et son
sénéchal, Turquetil du Neufmarché, son précepteur, périssent sous ses
yeux (2) et l'anarchie s'étend dans toute la province (3).

Les règlements que Rollon et ses successeurs avaient faits pour assurer
le maintien de la « paix » tombèrent en désuétude faute d'une autorité
assez forte pour les faire observer au milieu des guerres civiles, qui ensan-
glantaient la Normandie. Les évêques furent les premiers à se préoccuper
de cette situation désastreuse et ils essayèrent d'y remédier en introduisant
dans ce pays l'institution de la « trêve de Dieu », qui s'était répandue,
depuis le début du xiᵉ siècle, dans certaines parties de la France (4). Ce fut
l'objet d'un synode tenu à Caen entre 1043 et 1046 (5), le plus ancien des

(1) « Defuncto Roberto duce apud Nicæam... rebellaverunt proceres Normanniæ contra
Guillelmum infantem; qui... a patre commissus tutelæ Alanni, consanguinei sui, comitis
Britonum... Alanno, dum Montem Gomerici obsidet, per fraudem Normannorum letha-
liter corrupto venenosa potione... » Ord. Vit., t. III, p. 224, et t. II, p. 369. — V. Wace,
Rom. de Rou, IIIᵉ P., v. 2985-2994 (t. II, p. 150).

(2) « Turchetillum, nutricium meum, et Osbernum, Herfasti filium, Normanniæ dapi-
ferum, comitemque Gislebertum... fraudulenter interfecerunt... » Ord. Vit., t. III,
p. 229. — V. Will. Gemmet., VII, c. 2 (Duchesne, p. 268).

(3) « In pueritia vero ejus [Guillelmi] Normanni genuina inquietudine concitati rebellaverunt et, in sua viscera diu pugnantes, nimiam stragem nobilium et vulgarium per-
petraverunt ». Ord. Vital., t. I, p. 179. — V. Will. Gemmet., VII, c. 1, 3, 4 (Duchesne,
p. 267-269).

(4) Le plus ancien exemple de la trêve de Dieu, c'est-à-dire de la limitation à certains
jours de la semaine de la paix perpétuelle, que de nombreux conciles du xᵉ siècle avaient
tenté vainement d'établir, se trouve dans les actes du synode tenu à Elne en Roussillon,
le 16 mai 1027 (Labbe, Sacrosancta Concilia, t. IX, p. 1249; Mansi, Conciliorum collec-
tio, t. XIX, p. 483). La trêve de Dieu se développa, à partir de 1037, dans la Provence,
l'Aquitaine et la Bourgogne. La lettre adressée, en 1041, par Raimbaud, archevêque
d'Arles, Benoît, évêque d'Avignon, Nitard, évêque de Nice, et Odilon, abbé de Cluny,
aux évêques et au clergé de la Gaule et de l'Italie, donna un nouvel essor à cette institution (Martene, Thesaurus Anecdotorum, t. I, c. 161.) D'après le synode d'Elne, la
trêve durait du samedi, à partir de none, jusqu'au lundi à l'heure de prime; dans la lettre
de l'archevêque d'Arles, elle s'étendait du mercredi à l'heure des vêpres au lundi au
lever du soleil. V. L. Huberti, Studien zur Rechtsgeschicte der Gottesfrieden und Land-
frieden, Ansbach, 1892, t. I, p. 242-245 et 271-277.

(5) Bessin, Concilia, p. 39. — La date de ce concile, que D. Pommeraye et D. Bessin
placent en 1042 ou 1043, est certainement antérieure à 1047; car une charte de l'abbaye
de Saint-Pierre de Préaux constate que Gradulf, abbé de Saint-Wandrille, était encore
vivant lors du premier concile tenu pour l'établissement de la paix de Dieu à Caen ; or
Gradulf est mort le 8 mars 1047 (Annales ordinis sancti Benedicti, t. IV, p. 484). D'autre
part, Hugues de Flavigny nous apprend qu'Odilon, abbé de Cluny, l'a prêchée, en 1042
ou 1043, dans la Normandie, qui s'était montrée jusque-là réfractaire à l'établissement
de cette institution (Chronicon Hugonis Flaviniacensis, Mon. Germaniæ. Scriptores,

conciles provinciaux de Normandie dont les décisions nous soient parve-
nues. Les résolutions qui y furent prises ont trait exclusivement à l'introduction de la trêve de Dieu dans le duché et à sa réglementation : elles
sortent par suite du domaine ecclésiastique et appartiennent au droit public
de la province.

La durée de la trêve était fixée comme dans le reste de la France : elle
s'étendait, chaque semaine, du mercredi soir après le coucher du soleil
jusqu'au lundi suivant au lever du soleil (1) ; elle s'appliquait encore aux
trois périodes comprises entre l'Avent et l'octave de l'Épiphanie, entre le
mercredi des Cendres et l'octave de Pâques, et entre les jours des Rogations
et l'octave de la Pentecôte inclusivement (2). Les sanctions étaient des
peines canoniques, des pénitences, l'excommunication, la privation de
sépulture. Le seul moyen de justification généralement accordé à celui
qui prétendait avoir enfreint la trêve sans le savoir était l'épreuve du fer
chaud, qu'il subissait devant la justice ecclésiastique (3). Toutefois, le
concile de Caen est sorti du cadre des pénalités purement canoniques et
il a infligé aux délinquants des peines criminelles, qui comportaient,
pour leur application, le recours au pouvoir séculier, comme le bannisse-
ment pendant trente ans hors du territoire du diocèse où demeurait le vio-
lateur de la trêve (4) et la forfaiture qui menaçait le coupable endurci
lorsqu'il venait à mourir sans s'être soumis à une pénitence canonique ;
dans ce cas nul ne pouvait lui donner la sépulture, ni recueillir quoi que
ce soit de ses biens (5). Cette règle sur la confiscation de l'héritage de

---

t. VIII, p. 403). Fulbert, l'auteur des *Miracula sancti Audoeni*, atteste également
l'opposition très vive que rencontra le synode de Caen. Ce concile, qui dura deux jours,
fut célébré avec une solennité extraordinaire : on y apporta de tous les points de la province les reliques des saints, sur lesquelles la plupart des assistants jurèrent d'observer
la trêve de Dieu (*Miracula quæ post obitum sancti Audoeni contigerunt. Acta Sanctorum, Bolland.* 24 Augusti, t. IV, p. 834, c. 2-835, c. 1). V. Wace, *Rom. de Rou,* III° P.,
v. 5365-396 (t. II, p. 245).

(1) « In pace, quæ vulgo dicitur trevia Dei et quæ die mercurii solo occidente incipit
et die lunæ sole nascente finit ». Bessin, p. 39.

(2) « Hanc etiam Dei treviam ab initio Adventus dominici usque ad octavas Epiphaniæ,
et a capite jejunii usque ad octavas Paschæ, et a diebus Rogationum inchoantibus usque
ad octavas Pentecostes per omnes dies tenebitis », *Ibid.*

(3) « Si quis autem se pacem nescienter dixerit infregisse, prius sacramentum faciat
calidumque judicii ferrum portet », *Ibid.*

(4) « Quod si aliquis... illam, non tenendo quæ præcipimus, infregerit, si non xxx
annorum pœnitentiam in exilio fecerit, et antequam ab episcopatu nostro exeat, quic-
quid fecit contra pacem non emendaverit, a Domino Deo sit excommunicatus et a tota
christianitate sit separatus ». *Ibid.*

(5) « Quod si ille sanctæ pacis violator miserrimus, prius quam accepta pœnitentia
xxx annorum exul moriatur, nullus christianorum præsumat illum visitare aut corpus a
loco in quo jacuerit tollere nec quicquam ex substantiæ suæ bonis accipere », *Ibid.*

l'excommunié s'est conservée longtemps dans l'ancien droit coutumier normand. Le décret du concile de Caen est le premier document où ce genre de forfaiture apparaisse en Normandie.

Il y a encore une disposition où se manifeste clairement l'intervention de l'autorité laïque, peut-être même celle du jeune duc en personne, c'est le passage qui réserve au roi ou au comte du pays « la faculté de faire chevauchée ou ost » pendant la durée de la trève, à condition toutefois que ceux qui accompagneront le roi ou le comte ne pourront prendre que ce qui leur sera nécessaire pour leur nourriture et celle de leurs chevaux (1). Cette dérogation n'était pas contraire à l'esprit de la trève de Dieu, qui n'avait d'autre but que de restreindre les guerres privées et non les guerres de peuple à peuple.

L'institution de la trève de Dieu était assurément moins efficace que la « paix du duc »; car elle n'était pas sanctionnée par des pénalités aussi sévères et elle se bornait à limiter le droit de guerre à certaines époques de l'année. Toutefois les marchands et les voyageurs étrangers (2) devaient jouir de la paix en tout temps.

Dans le courant de l'année 1061 vraisemblablement, le duc réunit à Caen une nouvelle assemblée de prélats et de grands seigneurs, où furent prises des mesures pour assurer le maintien de la sécurité publique. Nous ne connaissons que trois décisions de ce concile, qui nous ont été conservées par Dumoulin (3), et deux seulement offrent de l'intérêt pour l'histoire du droit normand : l'une est relative à l'institution du couvre-feu et à la défense de circuler après qu'il aura sonné; l'autre rappelle qu'on doit poursuivre les voleurs, les assassins et autres malfaiteurs et leur infliger les

---

(1) « Cæterum in hac pace nullus, nisi rex aut comes hujus patriæ, caballicationem aut hostilitatem faciat et quicumque in caballicatione aut hostilitate regis fuerit in hoc episcopatu nihil plus quam sibi ac suis equis necessaria ad victum accipiat », Ibid.

(2) « Mercatores autem et omnes homines, qui ab aliis regionibus per vos transierint, pacem habeant a vobis », Ibid.

(3) Bessin, p. 48. — Les actes originaux de ce concile sont perdus; il ne reste qu'une traduction française de trois canons de cette assemblée insérée par Dumoulin dans son « Histoire de Normandie », et une autre version française des deux premiers donnée par Ch. de Bourgueville dans ses « Recherches » :

Dumoulin :

« Les principales ordonnances, au moins venues en nostre cognoissance, furent :

[I]. Que tous les abbez et prélats champestres...

[II]. Que tous les soirs on sonneroit la cloche par toutes les parroisses, pour convier le peuple a prier Dieu et advertir un chacun de fermer sa maison et ne courir plus par les rues : ce son de cloche s'appelle encore en beaucoup de lieux le couvre-feu.

[III]. Que desormais tous les larrons, homicides et malfaicteurs seroient punis selon la rigueur des lois et qu'on procéderoit criminellement contre les accusez et convaincus.

Beaucoup d'autres loix furent faites en suite de celles cy, desquelles le temps qui

peines portées par les lois. Guillaume de Poitiers, dans le tableau quelque peu flatté qu'il trace de la situation florissante de la Normandie à la veille de la conquête de l'Angleterre, constate que la trève de Dieu y était religieusement gardée et que les vols, les brigandages, les meurtres et autres crimes avaient presque disparu grâce à une stricte application des lois et à une répression impitoyable (1). Or celui-ci, comme les membres du synode, de Caen, se réfère à des lois existantes, qui punissent les voleurs et les meurtriers, sans donner aucune autre explication. Il est donc très probable que les uns et les autres avaient en vue une même ordonnance, que Guillaume le Conquérant aurait promulguée entre l'époque de sa majorité et l'an 1061 ; mais il est très difficile, faute de renseignements précis, de savoir si ce prince s'est borné à renouveler les prescriptions de Rollon à ce sujet ou s'il a édicté des dispositions nouvelles. Guillaume de Poitiers fait encore allusion à un acte législatif par lequel le jeune duc aurait réprimé les atteintes au droit de propriété foncière, notamment les déplacements de bornes et les usurpations sur le terrain du voisin (2). Il a complété l'œuvre législative qu'il avait accomplie dans le duché de Normandie en accordant ou confirmant des libertés municipales (3) à

---

devore tout ne nous en a laissé la mémoire ». *Histoire générale de Normandie*, Rouen, 1631, p. 160.

Les canons publiés par D. Bessin ont été traduits en latin sur la version française de Dumoulin.

De Bourgueville :

« Et en ce synode furent faictes plusieurs belles et sainctes ordonnnances tant ecclesiastiques que politiques et entre autres :

[I.]. Que les prelats et abbez champestres...

[II.]. Que au soir l'on sonneroit les cloches pour advertir le peuple de prier Dieu, fermer sa maison sans plus courir par les rues. Et a l'on depuis ceste ordonnance appellé ce son de cloches couvre-feu ». *Les recherches et antiquitez de la province de Neustrie*, Caen, 1588, p. 18-19.

(1) « Hinc namque summo studio cœpit ecclesiis Dei patrocinari... jura imponere quæ non gravarent... imprimis prohibere cædes, incendia rapinas ».

« Armis namque proterendo bella externa, arcendo seditiones, rapinas, prædas, patriæ consulebat Christum colenti... Ejus animadversione et legibus e Normannia sunt exterminati latrones, homicidæ, malefici. Sanctissime in Normannia observabatur sacramentum pacis, quam treviam vocant, quod effrenis regionum aliarum iniquitas frequenter temerat », Will. Pictav. (Duchesne, p. 179° et 193bo).

(2) « Ejus æquitate reprimente iniquam cupiditatem, vicini minus valentis aut limitem agri movere aut rem ullam usurpare nec potens audebat quisquam nec familiaris », *Ibid.*

(3) « Villæ, castra, urbes jura per eum habebant stabilia et bona », *Ibid.*

des villes comme Rouen (1), Domfront (2), à des bourgs ou à des villages
tels qu'Auffay (3).

En 1064, les évêques et abbés de Normandie tinrent à Lisieux un concile, dont l'existence et les décisions sont restées inconnues jusqu'à nos
jours (4). Le préambule de ce texte laisse supposer que le duc n'assistait
pas à ce concile (5), contrairement à l'habitude qu'il avait de présider les
assemblées les plus importantes du clergé normand, quelles que fussent
d'ailleurs les questions qui y étaient traitées. Plusieurs années auparavant,
en 1055, il avait pris une part active à un concile, réuni dans cette ville, où
il avait fait déposer par les évêques de la province,l'archevêque de Rouen,
Mauger, fils de Richard II, son oncle, qui, par suite du dérangement de
ses facultés, ne pouvait exercer plus longtemps les fonctions épiscopales (6). La participation du duc à ces conciles était, du reste, un excel-
lent moyen de tenir en respect l'épiscopat normand et de prévenir ses
empiètements qu'un politique aussi avisé se gardait bien de laisser
échapper (7). Le concile de Lisieux de 1064 fut donc présidé par
l'archevêque de Rouen, Maurille, qui avait succédé à Mauger et venait

(1) 1106. « Rex [Henricus I]... Rotomagum adiit et a civibus favorabiliter exceptus... pristinasque urbis dignitates restituit ». Ord. Vital., t. IV, p. 233. V. A. Giry,
Les établissements de Rouen (Bibl. de l'École des Hautes-Études, fasc. 55), 1883, t. I,
p. 25.

(2) 1101. « Henricus autem rex... solum Danfrontem castrum sibi retinuit, quia
Danfrontanis, quando illum intromiserunt, jurejurando pepigerat quod nunquam eos de
manu sua projiceret, nec leges eorum vel consuetudines mutaret ». Ord. Vital., t. IV,
p. 114. — Il est très probable que ces libertés remontaient à Guillaume le Conquérant,
qui les avait accordées aux habitants après la prise de cette ville.

(3) Parmi les franchises locales qui datent de l'époque de Guillaume le Conquérant, on
peut citer celles du bourg d'Auffay, qui furent concédées par Richard de Heugleville,
d'après le type de la loi de Cormeilles octroyée par les seigneurs de Breteuil à leurs
tenanciers : « Hic super Sedam, in vico, qui olim Isnolli villa vocabatur, burgum constituit
et pro imminenti monte altis fagis obsito Alfagium nuncupavit. Leges etiam Corme-
liensium colonis intulit ». Ord. Vital., t. III, p. 42.

(4) *Journal des Savants*, année 1901, p. 516 et s. Un résumé sommaire des canons
de ce concile a été retrouvé, seulement en 1901, par M. L. Delisle, dans un manuscrit
de la bibliothèque de Trinity College à l'Université de Cambridge.

(5) « Anno ab incarnatione Domini MLXIII°... factum est concilium Lexovio sub
Willelmo, nobilissimo principe Normannorum, presidente ibidem domino Maurillo, Rotomagensium archipresule, cum ceteris suffraganeis episcopis... » *Journal des Savants*,
1901, p. 517.

(6) « Princeps igitur... deposuit patruum [Malgerium] in publico sanctae synodi, aposto-
lici vicario cunctisque Normanniae episcopis juxta canonum authoritatem sententiam dan-
tibus unanimi consensu ». Will. Pictav. (Duchesne, p. 195ª). V. Will. Gemmet., VII, 24
(op. cit., p. 281ª).

(7) « Quotiens ejus edicto et hortatu convenere praesules, metropolitanus cum suffraganeis, de statu religionis, clericorum, monachorum atque laicorum acturi, synodis his
arbitrum se deesse nolebat cum, ut praesentia sua studiosis adderet studium, cautionem

de réunir à Rouen, au mois d'octobre de l'année précédente, une
assemblée nombreuse de dignitaires ecclésiastiques de la province à l'occasion de la dédicace de la cathédrale de Rouen (1). Le deuxième
canon du concile de Lisieux se réfère à une des dispositions du concile
de Rouen de 1063; mais les décisions de cette assemblée avaient surtout
un caractère théologique tandis que, parmi celles du synode de Lisieux, il
y en a quelques-unes qui ont une portée générale. Ainsi l'article v interdit aux clercs de porter des armes et d'attaquer d'autres personnes; mais, en
revanche, il est défendu d'attaquer les clercs à moins qu'il n'y ait eu provo-
cation de leur part, et alors les laïques doivent faire à ce sujet une déclaration à l'évêque diocésain (2). D'après le canon vii, les laïques qui accom-
pagnent des moines ou des clercs doivent être à l'abri de toute attaque (3).
Le canon suivant interdit aux clercs d'exercer l'usure et d'être prévôts ou
régisseurs (administratores) au service des laïques (4). Un article, le neu-
vième, prononce la dissolution des confréries (religiones), où l'on mange
et boit (5). C'est là l'origine des associations dites charités, qui subsistent
encore aujourd'hui dans certaines parties de la Normandie, notamment
dans le département de l'Eure. Enfin le canon x et dernier recommande
de rappeler fréquemment les prescriptions de la trève de Dieu et de veiller
à leur observation (6). Le concile de Lisieux, suivant l'exemple du synode
de Caen, étendait le bénéfice de la paix perpétuelle à certaines catégories de
personnes privilégiées comme les moines et les clercs ainsi que ceux qui les
accompagnaient.

Au moment où le duc se préparait à partir pour la conquête de l'Angleterre, la Normandie, grâce à son gouvernement aussi habile que ferme,
jouissait d'une paix profonde, que lui enviaient les pays voisins; Guillaume de Poitiers, en effet, raconte qu'à cette époque les cavaliers
allaient et venaient sans armes dans la province et qu'il n'y avait pas

---

cautis, tum ne aliono testimonio discere indigeret qualiter fuissent acta, quæ cuncta
rationabiliter, ordinate et sancte acta fuisse desiderabat ». Will. Pictav. (Duchesne,
p. 194*).

(1) Bessin, Concilia, p. 49.

(2) « V. Ut etiam clerici arma non ferant, nec assaliant vel assaliantur, nisi ipsi pro-
meruerint, neque etiam tunc, nisi facta proclamatione apud episcopum ». Journ. des
Savants, 1901, p. 517.

(3) « VII. Ut nulli laicorum assaliantur in comitatu monachorum vel clericorum ».
Ibid.

(4) « VIII. Ut clerici non sint feneratores vel laicorum officiorum propositi vel administratores ». Ibid.

(5) « IX. Et ut religiones quas dicunt, in quibus comeditur et bibitur, omnino delean-
tur ». Ibid.

(6) « X. Ut etiam trevia Dei frequenter recenseatur et firmiter teneatur ». Ibid.

de chemin qu'un voyageur ne pût parcourir en toute sûreté (1). Dans
le courant de juillet 1066, Guillaume réunit les principaux seigneurs
laïques et ecclésiastiques de la Normandie au château de Lillebonne, où il
résidait alors (2); il tenait, en effet, à obtenir leur assentiment et à s'assurer leur concours en hommes, en vaisseaux et en argent. Cette première assemblée de Lillebonne eut ainsi un caractère exclusivement
politique.

Guillaume le Conquérant, qui était aussi remarquable comme homme
de guerre que comme administrateur, n'attendit pas à être débarqué en
Angleterre pour établir une certaine discipline parmi les bandes de merce-
naires ou d'aventuriers français, bretons, poitevins et gascons qu'il avait
enrôlés. Il les rassembla, avec quelques-uns des contingents normands,
dans un camp établi à l'embouchure de la Dive en attendant qu'un vent
favorable lui permît de mettre à la voile et il réussit si bien à maintenir
l'ordre parmi eux que les contemporains, au dire de Guillaume de Poitiers,
étaient étonnés de voir, aux alentours de ce camp, des troupeaux de bœufs
et de moutons paître en sûreté et les moissons mûrir sans que les paysans
aient à craindre de les voir foulées par les pieds des chevaux ou fauchées
par les fourrageurs (3). Le duc, il est vrai, leur donnait une solde élevée
et subvenait à tous leurs besoins; mais il ne tolérait ni maraude, ni
pillage (4).

Guillaume le Conquérant, peu de temps après qu'il eût été couronné roi
d'Angleterre à Westminster (25 décembre 1066), se préoccupa de refréner
la licence de ses troupes, dont les excès commençaient à indisposer la population anglo-saxonne. Il rendit alors plusieurs édits appropriés à la situation,
qui étaient applicables aussi bien aux chevaliers de condition moyenne
qu'aux simples soldats. Il interdit formellement les séditions, les meurtres,
les brigandages, les violences faites aux femmes ainsi que les délits contre
les bonnes mœurs; il obligea les soldats à ne fréquenter les cabarets que

(1) « Homines advenæ cernentes apud nos equites hac illac pergere inermes et quodque
iter cuique vianti tutum patere, hujuscemodi beatitudinem quotiens exoptavere suis
regionibus, hanc pacem... Guillelmi virtus patriæ peperit ». Will. Pictav. (Duchesne,
p. 196c).

(2) « Willermus autem dux... Normanniæ proceres convocavit, et de tanto talique nego-
tio quid agendum esset... consuluit... Omnes hi ad commune decretum jussu ducis
acciti sunt et, audita re tam grandi, utpote diversi diversa senserunt ». Ord. Vital., t. II,
p. 120 et 122. Will. Pictav. (Duchesne, p. 197.) Rob. de Torigni, t. I, p. 52. Wace,
Rom. de Rou, IIIe P., v. 6055-56 (t. II, p. 270).

(3) « Provincialium tuto armenta vel greges pascebantur seu per campestria, seu per
tesqua. Segetes falcem cultoris intactæ expectabant, quas nec attrivit superba equitum
effusio, nec demessuit pabulator ». Will. Pictav. (Duchesne, p. 197 b).

(4) « Rapina omni interdicta... Militibus et hospitibus abunde sumptus ministrabatur,
nemini rapere quippiam concedebatur ». Ibid.

rarement. Il prononça des peines très rigoureuses contre les délinquants et institua des juges, dont la sévérité pût inspirer aux troupes une crainte salutaire. Il ne faisait d'ailleurs aucune distinction à cet égard entre les Bretons, les Gascons et les Normands, auxquels il n'accordait pas plus de liberté (1). Ces règlements, qui étaient surtout destinés aux détachements en garnison sur divers points de l'Angleterre, n'étaient que le développement des mesures que Guillaume le Conquérant avait prises avant de quitter la Normandie pour assurer l'ordre et la discipline dans l'armée nombreuse qu'il emmenait. Aussi est-il très vraisemblable, comme le laisse supposer Guillaume de Poitiers, que ces nouveaux règlements, bien qu'édictés en Angleterre, aient été appliqués également en Normandie. En effet, les lois militaires, à cause de leur caractère spécial, devaient avoir une portée plus générale que les lois civiles. Les renseignements fournis par le biographe de Guillaume le Conquérant permettent ainsi d'affirmer que celui-ci n'avait pas attendu à être roi d'Angleterre pour faire œuvre de législateur (2); malheureusement le texte de ses actes législatifs antérieurs à 1066 n'est pas parvenu jusqu'à nous. Il n'est donc pas absolument exact de dire que les Normands, lors de la conquête, n'avaient pas de lois écrites à apporter en Angleterre.

Le rétablissement de la discipline ecclésiastique, surtout dans le clergé séculier, était une des questions qui avaient appelé l'attention de Guillaume le Conquérant dès le début de son règne. Cette œuvre importante, dont plusieurs synodes s'étaient déjà occupés activement, fut malheureusement interrompue pendant quelques années par suite de la conquête de l'Angleterre. Quand le roi, après avoir soumis le Northumberland et les comtés du centre, revint en Normandie dans le courant de l'année 1071, il convoqua d'abord une assemblée de barons normands et manceaux et d'évêques et il les pressa de maintenir la paix et la justice (3). Puis il fit reprendre à l'épis-

---

(1) « Milites vero mediæ nobilitatis atque gregarios aptissimis edictis coercuit. Tutæ erant a vi mulieres, quam sæpe amatores inferunt. Etiam illa delicta, quæ fierent consensu impudicarum, infamiæ prohibendæ gratia vetabantur. Potare militem in tabernis non multum concessit... Seditiones interdixit, cædem et omnem rapinam... Judices, qui vulgo militum essent timori, constituti sunt, simul acerbæ pœnæ in eos qui delinquerent, decretæ sunt ; neque liberius Normanni quam Britanni vel Aquitani agere permittebantur ». Will. Pictav. (Duchesne, p. 207d).

(2) Wace affirme aussi l'existence de dispositions législatives antérieures à la conquête de l'Angleterre :

> « Par ses terres mist bones leis,
> Justise e pais tint fermetnent
> Ou que il poût a povre gent ;
> Onques ne poût amer larron,
> Ne compaignie de felon ».
>
> Rom. de Rou, III° P., v. 5348-52 (t. II, p. 166).

(3) 1071. « Tunc Normannorum et Cenomannensium majores congregavit et omnes ad pacem et justitiam tenendam regali hortatu corroboravit. Episcopos quoque et ecclesias-

copat l'habitude de tenir plus fréquemment des conciles provinciaux ; car
il n'y eh avait pas eu depuis le concile de Lisieux de 1064. Les prélats normands répondirent à l'appel du duc et se réunirent à deux reprises, en
1072 et en 1074, dans la cathédrale de Rouen, sous la direction du successeur de Maurille, Jean de Bayeux, l'un des fils de Raoul, comte d'Ivry et
frère utérin de Richard Ier. Le principal objet de ces deux conciles était
la réforme du clergé, mais on y prit encore quelques résolutions qui
sortaient du domaine purement ecclésiastique. C'est ainsi que quatre
canons de la première de ces assemblées (1) sont consacrés à des questions relatives au mariage, qui selon les habitudes du temps, était
presque exclusivement régi par le droit canonique. Le canon xiii con-
damne les mariages clandestins et ceux qui sont contractés à un degré de
parenté prohibé par l'Église (2). Le canon xv interdit à celui qui a été
accusé d'adultère du vivant de sa femme, d'épouser, après la mort de cette
dernière, la personne qui a été complice de l'adultère (3). Le seizième
défend à celui, dont la femme a pris le voile, de se marier du vivant de
celle-ci (4), et le dix-septième prononce l'excommunication contre la femme,
qui, en l'absence de son mari parti à l'étranger, épouse un autre homme
avant d'avoir acquis la certitude de la mort de son premier mari (5). Un
autre canon, le douzième, prohibe le trafic des églises paroissiales que
clercs, moines et laïques vendaient et achetaient sans scrupule (6).

Dans l'intervalle, qui s'écoula entre les deux assemblées de 1072 et
de 1074, il se produisit des événements graves dans l'abbaye de Saint-
Ouen de Rouen le jour de la fête de son fondateur, le 24 août 1073, qui

ticos viros admonuit ut bene viverent, ut legem Dei jugiter revolverent, ut Ecclesiæ Dei
communiter consulerent, ut subditorum mores secundum scita canonum corrigerent et
omnes caute regerent ». Ord. Vital., t. II, p. 237. Bessin, p. 53.

(1) 1072. « Anno igitur ab incarnatione Domini Mo LXXo IIo congregatum est concilium
in metropolitana Rothomagensis urbis sede, in basilica beatæ et gloriosæ Dei genitricis
semper virginis Mariæ, cui Johannes ejusdem urbis archiepiscopus præerat... » Ord. Vit.,
t. II, p. 237-243. Bessin, p. 54-57.

(2) « XIII. Item ne nuptiæ in occulto fiant... Et si infra septimam generationem aliqua
consanguinitas inventa fuerit, et si aliquis eorum dimissus fuerit, non conjungantur ».
Ibid.

(3) « XV. Item interdictum est ne aliquis, qui, vivente sua uxore de adulterio calumniatus fuerit, post mortem illius unquam de qua calumniatus fuerit accipiat ». Ibid.

(4) « XVI. Item nullus, cujus uxor velata fuerit, ipsa vivente unquam aliam accipiat ».
Ibid.

(5) « XVII. Item, si uxor viri, qui peregre aut alias profectus fuerit, alii viro nupserit
quousque prioris mortis certitudinem habeat, excommunicetur usque ad dignam satis-
factionem ». Ibid.

(6) « XII. Item emuntur et venduntur curæ pastorales, scilicet ecclesiæ parrochianæ,
tam a laicis quam a clericis, insuper etiam a monachis; quod ne amplius fiat, interdictum est ». Ibid.

nécessitèrent l'intervention du roi. Celui-ci, au retour de sa campagne dans
le Maine, fit interner dans différents monastères quatre moines de Saint-
Ouen, que l'archevêque de Rouen lui avait signalés comme les principaux
fauteurs des désordres (1). Mais, peu de temps après, cédant aux prières de
leur abbé, Nicolas, fils de Richard III, son cousin-germain, il leur permit
de rentrer à l'abbaye. Guillaume le Conquérant, après avoir de nouveau
examiné cette affaire avec ses conseillers, convoqua un concile, dans lequel
il fit condamner l'archevêque de Rouen à une amende de 300 livres pour
avoir troublé les cérémonies dans une abbaye placée sous sa sauvegarde et
refusé de réconcilier l'église sur la demande du prince (2). Malheureusement la date de cette assemblée n'est pas rapportée par l'auteur des *Acta
archiepiscoporum Rotomagensium* et on peut se demander si elle ne se
confondrait pas avec l'une des deux réunions de ce genre qui eurent lieu,
en 1074, à Rouen, et, en 1075, à Fécamp.

Le concile de Rouen de 1074 fut présidé par le roi assisté de l'archevêque de Rouen (3). On comprend facilement que le prince ait pris cette
détermination après le scandale de Saint-Ouen, qui avait déconsidéré
le primat de Normandie vis-à-vis du clergé régulier et même de la population de Rouen. Ce concile, dans son treizième canon, s'occupa de l'annu-
lation des unions incestueuses et des conditions auxquelles les époux sépa-
rés pourraient se remarier (4). Le canon ix permit de donner la sépulture
chrétienne à ceux qui mouraient subitement, pourvu qu'ils n'eussent pas
commis de fautes graves (5). Enfin le dernier canon remettait en vigueur

(1) « Anno Mo LXXo IIIo, invaserunt monachi sancti Audoeni Joannem, Rotomagensem
archiepiscopum, missam celebrantem in festivitate ejusdem sancti... Unde judicatum est
in concilio in eadem civitate congregato, præsidente rege Anglorum Willelmo, mona-
chos hujus criminis reos per abbatias carceribus retrudi ad placitum archiepiscopi ».
Annales S. Stephani Cadomensis (Duchesne, p. 1017).

(2) « Non multo post... et rationis consideratione et petitu abbatis ipsorum flexus,
in præsentiam sui eos [monachos] revocavit..., postquam gemino fratrum eorumdem
exsilio satisfecit, rem in consilium ponit, concilium cogit : quod abbatiam suam irato
et tumultuanti animo intrasset, quod totius turbæ causa et materia exstitisset, quod loci
reconciliationem sibi denegasset, judicio primatum suorum trecentas libras exegit ». *Acta
archiepiscoporum Rothomagensium* (Mabillon, *Vetera Analecta*, Parisiis, 1723, p. 225-
226).

(3) 1074. « Hoc anno congregatum est concilium in Rotomagensi urbe, presidente
Wille[l]mo, Anglorum rege, Normannorum principe, et Johanne archiepiscopo cum suis
suffraganeis.... ». *Annales Uticenses* (Ord. Vital., t. V, p. 158). Rob. de Torigni, t. I,
p. 59. Bessin, p. 64.

(4) « XIII. Ut qui pro aliquo incesto matrimonio sunt disjuncti, castitatem servent
quoad usque nubant ; quod nisi fecerint, adulterantur ». Bessin, p. 65.

(5) « IX. Ne morte præoccupatis, si crimine mortali liberi fuerint, sepultura vel exe-
quiæ denegantur, neque prægnantibus aut parturientibus ». *Ibid.*

les règles du droit canon et de la décision de saint Grégoire le Grand, qui interdisaient aux chrétiens d'avoir des serviteurs et des nourrices de race juive (1).

L'année suivante (1075), Guillaume le Conquérant célébra la fête de Pâques au palais de Fécamp (2) et il profita de la présence autour de lui des évêques et des principaux barons pour promulguer une « loi sainte » interdisant à tout homme d'en attaquer un autre, à moins qu'il ne s'agit du meurtrier de son père ou de son fils. Robert de Torigni ajoute qu'il fut encore pris, dans cette assemblée, d'autres décisions très profitables à l'Église et à l'État. La seule de ces dispositions qui nous soit connue complétait utilement les prescriptions du synode de Caen, qui avait introduit en Normandie l'institution de la trêve de Dieu. Le maintien de la paix dans la province était une des questions auxquelles le prince attachait une grande importance ; car le premier article de là seconde assemblée de Lillebonne lui est consacré.

A l'occasion de la fête de la Pentecôte, le 31 mai 1080, le roi tint dans sa résidence de Lillebonne une cour plénière, où se trouvèrent réunis la plupart des comtes et grands seigneurs ainsi que des hauts dignitaires ecclésiastiques de la Normandie (3).

La plupart des décisions qui y furent promulguées ont un caractère purement canonique, mais il y en a quelques-unes qui sont d'ordre plus général. La principale préoccupation des membres du concile paraît avoir été de prévenir ou de régler les conflits, qui pourraient s'élever entre l'autorité ecclésiastique et le pouvoir séculier.

Le premier canon du concile ordonne l'observation de la paix ou trève de Dieu telle qu'elle a été instituée par le duc, au début de son règne, et déclare que, si les violateurs de la trève refusent de se soumettre à l'évêque

---

(1) « XIV. De Judæis canonicalis autoritas et beati Gregorii decretum servetur, scilicet ne christiani mancipia habeant nec nutrices ». Ibid.

(2) 1075. « Willermus, rex Anglorum et princeps Normannorum, die sancto Paschæ, in ecclesia Fiscanni obtulit filiam suam Ceciliam per manus Johannis, archiepiscopi Rothomagensis, Deo consecrandam. Inibi namque legem (Ann. Uticenses add. sanctam) instituit, ne aliquis scilicet aliquem hominem assalliret pro morte alicujus sui parentis nisi patrem aut filium interfecisset. Instituit quoque alia ecclesiæ et regno valdo utilia ». Rob. de Torigni, t. I, p. 59. Annales Uticenses (Ord. Vital, t. V, p. 158). Annales S. Stephani Cadomensis (Duchesne, p. 1018).

(3) « Anno incarnationis Jhesu Christi M. LXXX, papatus domini Gregorii papæ septimi octavo, Francorum rege regnante Philippo, Anglorum rege Willelmo gubernante Normanniam, in festivitate Pentecostes, sub ejusdem regis presentia, presente Rothomagi archipresule Willelmo, congregatis etiam episcopis, abbatibus, consulibus quoque et ceteris Normannie principibus, celebratum est aput Lillebonam concilium, regis Willelmi providentia proscriptorum suorum fidelium consilio diffinivit... » Layettes du Trésor des Chartes, t. I, p. 25. Ord. Vital, t. II, p. 315. Rob. de Torigni, t. I, p. 64. Bessin, p. 67.

du diocèse, celui-ci pourra s'adresser au seigneur dans les domaines duquel ils habitent, et en cas de négligence de la part de ce dernier, il aura recours à l'intervention du vicomte, représentant du duc dans le diocèse, qui contraindra les délinquants à s'exécuter (1). C'est un des premiers exemples de l'immixtion de la puissance laïque dans le régime de la trève de Dieu.

Le concile de Lillebonne reconnaît à l'évêque un droit absolu sur les églises de son diocèse ainsi que sur l'aître et le cimetière, qui dépendent de ces églises, et à ce propos il répartit les cimetières en quatre classes suivant qu'il s'agit d'églises de villes, de châteaux et de bourgs, — d'églises situées sur les marches de la province, — d'églises de villages pourvues déjà de cimetières du temps du comte Robert ; — d'églises de villages, qui seront construites postérieurement au concile (2). Ce règlement est un des plus anciens qu'on connaisse en France sur la matière. Les canons xi et xiii laissent toutefois supposer l'existence d'un document antérieur, qui remonterait au règne de Robert le Magnifique. Comme conséquence de l'autorité de l'évêque sur les églises et leurs dépendances, le concile lui attribue les objets perdus qui y sont trouvés ainsi que les animaux égarés, appelés alors *weredif* et plus tard « choses gaives », qui viennent dans l'aître d'une église ou même dans l'enclos d'un prêtre ou d'un clerc résidant dans l'aître (c. xvii et xxx) (3). Or, d'après les Coutumiers de Normandie, les « choses gaives » appartenaient au duc en vertu de ses droits régaliens.

Un certain nombre de canons donnent l'énumération des cas réservés à la juridiction de l'évêque et qui comportent par suite une amende pécuniaire au profit de celui-ci.

La juridiction épiscopale s'étend :

Ratione materiæ.

1° A tous les crimes et délits commis dans les églises et leurs dépendances,

(1) « I. Pax Dei, quæ vulgo trevia dicitur, sicut ipse princeps Willelmus eam in initio constituerat, firmiter teneatur... Qui vero ʒ⁰ʳvare contempserint vel aliquatenus fregerint, episcopi secundum quod prius statutum est eos judicando justitiam faciant. Si quis vero episcopo suo inde inobediens fuerit, domino, in cujus terra habitat, episcopus hoc demonstret et ille subdat cum episcopali justitia. Quod si et dominus facere contempserit, regis vicecomes per episcopum inde requisitus, omni remota excusatione, faciat ». Bessin, p. 67. Ord. Vital, t. II, p. 316.

(2) « XI. In cimiteriis ecclesiarum, quæ in civitatibus vel castellis vel burgis sunt, quidquid episcopi tempore Rodberti comitis vel Willelmi regis, ejus consensu, habuerunt, episcopi rehabeant. — XII. In cimiteriis vero quæ in marchis sunt.... — XIII. Ecclesiæ villarum quantum cimiterii tempore Rodberti comitis habuerunt... tantum habeant... — XIV. Si post concilium aliqua nova fit ecclesia intra villam..., ». Bessin, p. 68-69. Ord. Vit., p. 318-319.

(3) « XXVII. Si erraticum habere, quod vulgo *weredif* (Ord. Vit. *weridif*) dicitur, in curiam sacerdotis vel clerici, qui in atrio manent, venerit... episcopi erit.

« XXX. Si quid in ecclesia vel in atrio inveniatur vel relinquatur, episcopi erit ». Bessin, p. 70. Ord. Vit., p. 321.

comme l'âtre, ainsi qu'aux empiètements sur le sol où sont construits ces édifices (1) ; elle s'applique même aux voies de fait contre une personne qui se rend à l'église (2) (c. xvi-xviii).

2° Aux infractions commises par des laïques aux lois de l'Église, notamment en matière de mariage (c. xxxi-xxxiii) (3), au cas de résistance à la justice ecclésiastique (c. xxxvi), au prévenu dont la culpabilité est constatée par l'épreuve du fer rouge (c. xxxv) et au crime de sorcellerie (c. xxxiv) (4).

Ratione personæ.

3° Sur les clercs, les moines et les religieuses pour tous les crimes et délits dont ils se rendent coupables (c. xix-xxvi).

4° Sur les laïques qui commettent des attentats ou des violences contre les prêtres, les moines ou les religieuses (c. xxix) (5).

Le canon xxxvii réserve, en outre, à l'évêque le jugement des crimes de ses diocésains dans les localités où la coutume l'autorise à en connaître (6).

Si celui qui a commis une de ces fautes se soumet spontanément à une pénitence, il est affranchi de toute peine pécuniaire (c. xlii).

Trois canons (xxxviii-xl) règlent la procédure à suivre devant les juridictions ecclésiastiques et traitent de l'appel et des preuves (7).

En même temps que Guillaume le Conquérant faisait déterminer les limites assignées à la compétence des justices épiscopales, il ne refusait pas au clergé le concours du pouvoir séculier. On a vu, dans le premier article du concile, que le vicomte, un des principaux fonctionnaires de l'admi-

---

(1) « XVI. Violatio ecclesiæ et atrii... et commissa pro quibus divinum officium remanet, episcopis per pecuniam emendetur.

« XVII. Si quis iratus persequitur alium in atrium vel in ecclesiam, similiter.

« XVIII. Si laicus arat vel ædificat in atrio sine licentia pontificali, similiter ». Bessin, p. 69. Ord. Vit., p. 320.

« XLIII. Si laicus raptum in atrio fecerit, episcopo emendabit », Bessin, p. 71. Ord. Vit., p. 322.

(2) « XVI. Assultus in ecclesiæ itinere, similiter ». Bessin, p. 69. Ord. Vit., p. 320.

(3) « XXXIII. Si quis uxorem suam vel si qua mulier virum suum sine judicio præsulis reliquerit, similiter ». Bessin, p. 70. Ord. Vit., p. 321.

(4) « XXXVI. Qui justitiæ resistens excommunicari se patitur, similiter.

« XXXV. Qui intentum sibi crimen inficians vel negans, ferri judicio convincitur (excepta Dei trevia), similiter.

« XXXIV. Qui mortuos consulunt vel maleficia tractant, similiter ». *Ibid.*

(5) « XXIX. Si quis presbyterum aut monachum aut monacham assallierit, aut percusserit, aut ceperit, aut occiderit, aut domos eorum in atrio incenderit, similiter emendabit ». *Ibid.*

(6) « XXXVII. Parrochianorum crimina episcopo pertinentia, ubi consuetudo fuit, episcoporum judicio examinentur ». Bessin, p. 71. Ord. Vital., p. 322.

(7) « XXXVIII. Si contradictio judicationis facta fuerit, ante episcopum definiatur.

« XXXIX. Si ferri judicium fuerit judicatum, apud matrem ecclesiam terminetur.

« XL. Si plana lex facienda erit, ibi fiat ubi placitum prius fuit ». *Ibid.*

nistration ducale, devait, sur la requête de l'évêque, contraindre les trans-
gresseurs de la trève de Dieu à s'exécuter. De même, dans le canon ii, le
roi déclare, à propos de ceux qui ont des femmes qui leur sont parentes ou
alliées au degré prohibé par l'Église, qu'il n'en protège aucun et il engage
les évêques à faire observer la loi de Dieu leur promettant son appui (1).

Il y a toutefois trois cas pour lesquels le concile de Lillebonne reconnaît
la compétence de la justice laïque à l'égard des clercs :

1° En matière de délits commis dans les forêts du roi ou des barons :
ce qui doit s'entendre plutôt des délits de chasse que des délits fores-
tiers (2). Cette réserve a été très probablement introduite par le roi, qui était
passionné pour la chasse (c. viii).

2° Quand un prêtre fait appel de la justice de son seigneur devant la
cour de l'évêque et l'oblige sans raison à comparaître à son tribunal.
Il devra dans ce cas payer à son seigneur une amende de dix sous (3)
(c. xlv).

3° Lorsqu'un prêtre ou un clerc concubinaire est accusé devant l'évêque
par un de ses paroissiens ou par son seigneur, la justice épiscopale se trouve
dessaisie et l'inculpé pourra se justifier dans la paroisse même qu'il dessert
par un serment purgatoire prêté devant un certain nombre de paroissiens
et en présence de délégués de l'évêque, mais, s'il a été accusé d'abord par
les officiers de celui-ci, il devra se disculper à sa cour. Le prince ajoute, il
est vrai, qu'il n'a pas voulu enlever pour toujours aux évêques leur droit
de juridiction, mais le suspendre temporairement pour les punir de la
condescendance qu'ils ont montrée parfois à l'égard des coupables (4)
(c. iii).

Le roi confirme ensuite les droits et coutumes des évêques dans tous les

(1) « II. De his, qui de parentela sua uxores tenent vel uxores parentum suorum, episcopi canonicam justitiam exequantur. Rex inde nullum sustinet vel tuetur, sed potius
episcopos adjuvando admonet ut lex Dei firmiter teneatur ». Bessin, p. 67. Ord. Vit.,
p. 316.

(2) « VIII. Si presbyter forisfacturam fecerit de forestia regis vel baronum ejus, nullam
inde emendationem habebit episcopus ». Bessin, p. 68. Ord. Vit., p. 318.

(3) « XLV. Si presbyter domini sui judicium contradixerit de ecclesiastica causa et
eum, in curiam episcopi eundo, injuste fatigare fecerit, domino suo x. solidos emendabit ».
Bessin, p. 71. Ord. Vit., p. 322.

(4) « III. Presbyteri, diaconi, subdiaconi et omnes canonici et decani nullam omnino
feminam habeant. Quod si aliquis post eamdem culpam visus fuerit incurrisse, si per ministros episcopi inde prius fuerit accusatus, in curia episcopi se purgabit. Si vero parrochianorum vel dominorum suorum aliquis eum prius accusaverit;.. in eadem parrochia cui
servit, præsentibus parrochianis pluribus, ante episcopi ministros et eorum judicio se
purgabit... Hoc prædictus rex statuit non perenniter episcopis suis auferendo debitam
justitiam, sed quia episcopi eo tempore minus quam convenisset inde fecerant, donec
ipse, eorum videns emendationem, eis redderet pro benefacto, quod tunc de manu eorum
temporaliter tulerat pro commisso ». Bessin, p. 67. Ord. Vit., p. 317.

lieux où ils en ont joui du temps du comte Robert ou depuis en vertu d'une concession de sa part, sous réserve toutefois de ses propres droits. Si les évêques peuvent établir qu'ils ont eu du temps du comte Robert ou depuis, par suite d'une concession royale, quelque droit qui ne soit pas consigné dans ce document, ils ne doivent pas l'exercer jusqu'à ce qu'ils en aient fait la preuve devant la Cour du roi. Il en sera de même pour les seigneurs laïques, qui devront prouver leurs droits à l'encontre des prétentions des évêques (c. XLIV et XLVI).

A la suite du célèbre concile tenu à Clermont par le pape Urbain II du 18 au 28 novembre 1095 (1), Guillaume Bonne-Ame, archevêque de Rouen, réunit dans cette ville au mois de février 1096 ses suffragants (2), dont trois seulement, les évêques Eudes de Bayeux, Gilbert d'Evreux et Serlon de Séez, avaient assisté au concile de Clermont. Cette assemblée comprenait, en outre, la plupart des abbés de la province, de nombreux prêtres et beaucoup de seigneurs laïques, qui souhaitaient le rétablissement de la paix troublée par les rivalités des fils de Guillaume le Conquérant. Aussi les assistants se préoccupèrent-ils surtout du développement de la trève de Dieu, c'est-à-dire des nouvelles restrictions à apporter aux guerres privées, sujet qui avait été longuement traité au concile de Clermont, dont la plupart des décisions passèrent dans les canons de l'assemblée de Rouen.

L'extension de la trève de Dieu portait d'abord sur le temps pendant lequel les hostilités étaient suspendues. En ajoutant aux périodes fixées primitivement l'espace de temps compris entre l'octave de Pâques et le lundi des Rogations, le Dimanche gras et les deux jours suivants, toutes les fêtes de la Sainte Vierge et des Apôtres ainsi que leurs vigiles (3), on arrivait à augmenter la durée de la trève de deux mois et demi environ (c. 1).

Cette extension était encore plus importante en ce qui concernait le

(1) Orderic Vital a donné un résumé des canons du concile de Clermont de 1095. T. III, p. 464.

(2) « Odo, episcopus Bajocensis, Gislebertus, Ebroicensis, et Serlo, Sagiensis, legati quoque aliorum de Normannia præsulum, cum excusatoriis apicibus, Arvernensi concilio interfuerunt et, inde cum benedictione apostolica regressi, synodales epistolas coepiscopis suis detulerunt. Guillelmus igitur archiepiscopus concilium Rotomagi aggregavit et cum suffraganeis episcopis de utilitatibus ecclesiasticis tractavit. Tunc omnes, mense februario, Rotomum convenerunt, capitula synodi, quæ apud Clarum montem facta est, unanimiter contemplati sunt; scita quoque apostolica confirmaverunt et hujusmodi scriptum posteris dimiserunt... Abbates quoque totius provinciæ, cum clero et parte procerum pacem optantium, affuerunt ». Ord. Vital., t. III, p. 470 et 473. Bessin, p. 77.

(3) « I. Statuit synodus sancta, ut trevia Dei firmiter custodiatur a dominica die ante caput jejunii usque ad secundam feriam... post octavas Pentecostes... et in omnibus festis Sanctæ Mariæ et vigiliis eorum et in omnibus festis Apostolorum et vigiliis eorum... » Bessin, p. 77. Ord. Vit., p. 470.

nombre des personnes et des lieux qui devaient jouir désormais d'une paix perpétuelle. Le deuxième canon du concile de Rouen donne une liste complète des personnes et des lieux privilégiés ; mais cette énumération ne fait guère que reproduire et confirmer les dispositions d'assemblées antérieures comme le premier concile de Caen et le deuxième concile de Lillebonne. Ainsi, le bénéfice de la paix de Dieu est étendu aux paysans occupés à labourer ou à herser, qui seront désormais protégés ainsi que les chevaux et bœufs servant aux labours ; il s'appliquera aussi aux biens meubles des clercs ainsi qu'aux terres des églises et des monastères en tout temps (1). L'innovation la plus originale était celle qui attribuait une sorte de droit d'asile à la charrue en faveur de ceux qui se réfugiaient auprès de cet instrument aratoire.

Pour assurer l'exécution de ces mesures, le concile obligea, sous peine d'anathème, tout homme âgé de douze ans et au-dessus à jurer d'observer la trève de Dieu et de prêter main-forte aux évêques contre les trangresseurs (2). L'excommunication était également prononcée contre tous ceux qui leur viendraient en aide, contre les acheteurs d'objets volés, contre les malfaiteurs qui se réunissent dans des châteaux pour se livrer au brigandage ainsi que contre les seigneurs, qui leur donneront asile dans leurs forteresses ; les terres de ceux-ci seront, en outre, mises en interdit (3).

Quelques articles renouvellent des prescriptions du concile de Lillebonne ; d'autres interdisent aux laïques l'usurpation des fonctions ecclésiastiques et des droits épiscopaux (4) (c. v-vii). Le dernier canon défend à tout prêtre de devenir le vassal d'un laïque ; toutefois, si le fief tenu par le prêtre n'appartient pas à l'église, il peut faire au seigneur telle féauté que celui-ci jugera convenable (5).

(1) « II. Statuit etiam ut omnes ecclesiæ et atria earum, et monachi, et clerici, et sanctimoniales, et feminæ, et peregrini, et mercatores et famuli eorum, et boves et equi arantes, et homines carrucas ducentes, et hercentores et equi de quibus herceant, et homines ad carrucas fugientes, et omnes terræ Sanctorum, et pecuniæ clericorum perpetua sint in pace ». Bessin, p. 78. Ord. Vit., p. 471.

(2) « III. Statuit etiam ut omnes homines a xij annis et supra jurent hanc constitutionem treviæ Dei... ex integro se servaturos... » Ibid.

(3) IV. Statuit præterea sancta synodus ut omnes feriantur anathemate qui... hanc constitutionem violaverint et omnes qui eis communicaverint vel sua vendiderint... Hoc etiam anathemate feriuntur... raptores et emptores prædarum, et qui in castris congregantur propter exercendas rapinas, et domini, qui amodo eos retinuerint in castris suis, et... prohibemus ut nulla christianitas fiat in terris dominorum illorum ». Ibid.

(4) « VI. Statuit etiam ut nullus laicus det vel adimat presbyterum ecclesiæ sine consensu præsulis ; nec vendat, nec pecuniam inde accipiat. — VII. Nullus laicus habeat consuetudines episcopales vel justitiam quæ pertinet ad curam animarum ». Bessin, p 78. Ord. Vit., p. 472.

(5) « VIII. Nullus presbyter efficiatur homo laici... sed, si feudum a laico sacerdos tenuerit, quod ad ecclesiam non pertineat, talem faciat ei fidelitatem quod securus sit ». Ibid.

Gilbert, évêque d'Evreux, et Fulbert, archidiacre de Rouen, promulguèrent les décisions de l'assemblée après qu'elles eurent été approuvées par l'archevêque de Rouen et par ses suffragants; mais, ajoute mélancoliquement Orderic Vital, faute d'autorité chez le souverain, elles ne contribuèrent guère à assurer la paix de l'Église (1).

Aussitôt après la bataille de Tinchebray (28 septembre 1106), Henri Ier, roi d'Angleterre, se rendit à Rouen avec son frère aîné, Robert Courte-Heuse, qu'il venait de faire prisonnier dans ce combat. Bien accueilli par les bourgeois de cette ville, il n'eut pas de peine à obtenir la reddition du château de Rouen, défendu par Hugues de Nonant (2). Il s'empressa de rendre à la capitale de la Normandie ses anciennes libertés et confirma, dit Orderic Vital, les lois établies par son père. Malgré l'extrême concision de l'historien normand, il y a tout lieu de croire qu'il s'agit ici d'une confirmation des lois de Guillaume le Conquérant, Henri Ier ayant profité de son séjour dans la capitale de la Normandie pour remettre en vigueur la législation de son père, qui avait peu à peu cessé d'être appliquée pendant vingt ans de guerres civiles (3).

Le vainqueur de Tinchebray, après avoir reçu la soumission des principales villes (4), arriva vers la mi-octobre à Lisieux (5), où il avait convoqué les évêques et les grands seigneurs de la province. Bien qu'Orderic Vital prétende que ce concile a été très utile à l'Église, le peu qui nous reste de ses décisions permet de croire qu'il avait bien plutôt un caractère législatif et politique qu'ecclésiastique.

D'après Orderic Vital, Henri Ier fit décider par cette assemblée : 1° qu'une paix stable serait maintenue dans toute l'étendue de la Normandie; 2° que les brigandages et les rapines seraient complètement répri-

---

(1) « Præsules nimirum ex bona voluntate commodissima statuerunt; sed, principali justitia deficiente, ad emolumentum ecclesiasticæ tranquillitatis parum profecerunt; nam quæque tunc... deffinierunt et pene irrita fuerunt ». Ord. Vit., t. III, p. 473.

(2) « Rex siquidem cum duce Rotomagum adiit et, a civibus favorabiliter exceptus, paternas leges renovavit pristinasque urbis dignitates restituit. Hugo autem de Nonanto, duce jubente, regi arcem Rotomagi reddidit... » Ord. Vital., t. IV, p. 233.

(3) On peut invoquer, à l'appui de cette manière de voir, un passage de Robert de Torigni, où il dit que les décisions du second concile de Lillebonne étaient encore appliquées de son temps, c'est-à-dire au milieu du XIIe siècle : « Factum est concilium apud Lislebonam... ubi multa utilia instituta sunt, quæ servantur maxime in Normannia ». Rob. de Torigni, t. I, p. 64.

(4) « Alii quoque municipes per totam Normanniam a duce absoluti sunt eoque annuente, omnia reddentes municipia, triumphatori reconciliati sunt ». Ord. Vital., t. IV, p. 123.

(5) « In medio octobri rex Luxovium venit, cunctos optimates Neustriæ convocavit et utilissimum ecclesiæ Dei concilium tenuit ». Ibid.

més; 3° que les églises conserveraient toutes leurs possessions telles qu'elles les détenaient au jour de la mort de son père au même titre que les autres héritiers légitimes ; 4° que tous les domaines de son père lui seraient attribués en propriété et que les aliénations qu'avait consenties son frère Robert par imprudence ou par faiblesse seraient révoquées (1).

D. Pommeraye et D. Bessin ont, en outre, inséré dans leurs recueils quatre autres canons du concile de Lisieux de 1106, dont ils prétendent avoir trouvé une traduction française dans un livre posthume de Jean Dadré, mais qui n'existe pas dans cet ouvrage (2). Néanmoins ces articles, quoique n'ayant aucun caractère d'authenticité, ne paraissent pas invraisemblables.

Le premier de ces articles ordonne que les brigands soient très sévèrement punis conformément aux lois et que tous prêtent leur concours pour les arrêter dès qu'ils auront été découverts. On remarquera sans peine que cette disposition a une grande analogie avec l'un des points indiqués par Orderic Vital dans le résumé qu'il donne des décisions de ce concile. — Un second article prescrit de conduire le duc Robert en Angleterre et de le garder en prison en lui fournissant tout ce qu'exige sa dignité, de crainte que, s'il reste captif en Normandie, les factieux ne suscitent des troubles sous prétexte de le délivrer. Cette décision ne peut pas davantage soulever de critiques, parce que ce vœu, qu'on peut supposer émis par les membres de l'assemblée de Lisieux, répondait aux intentions secrètes de Henri Ier. — Les deux autres articles ont un caractère pénal : ils punissent de la perte de la vue et de la mutilation celui qui viole une vierge (3) et de l'amputation de

_____

(1) « Ibi statuit regali sanctione ut firma pax per omnes teneatur fines Normanniæ; ut, latrociniis omnino compressis cum rapacitate, omnes ecclesiæ possessiones, sicut eas die, qua pater ejus defunctus est, tenebant aliique nihilominus legitimi heredes, possideant. Omnia quoque dominia patris sui suæ proprietati mancipavit, judicioque sapientum irrita esse censuit quæ frater suus ingratis per imprudentiam dederat vel invitus per imbecillitatem permiserat ». *Ibid.*

On relève encore une certaine analogie, sinon dans les termes, du moins dans la pensée entre le second des canons supposés du concile de Lisieux de 1106 (Bessin, p. 79) et ce passage d'Orderic Vital : « Fratrem vero suum, ne inquieti, sub auxilii ejus velamine, simplices et quietos inquietarent, in Angliam misit ». T. IV, p. 237.

(2) Cet ouvrage est intitulé : « Chronologie historiale des archevesques de Rouen », Rouen, 1618. Aug. Le Prévost dit à ce sujet : « Nous ne savons où ils ont trouvé cette version, mais nous croyons pouvoir affirmer que ce n'est pas dans l'ouvrage de Dadré ». Ord. Vital., t. II, p. 233, n. 2.

(3) La mutilation des parties sexuelles est énumérée dans un des documents législatifs attribués à Guillaume le Conquérant, mais qui sont un peu postérieurs : « Interdico etiam ne quis occidatur aut suspendatur pro aliqua culpa, sed eruantur oculi et testiculi abscidantur ». Stubbs, *Select Charters*, p. 84. Schmid, *Gesetze der Angelsachsen*, p. 357.

La privation de la vue était un supplice très usité au temps de Henri Ier; ce prince le

la main droite le faux-monnayeur (1). Ces pénalités sont tout à fait dans les habitudes du temps et la peine de l'aveuglement a été très fréquemment appliquée sous le règne de Henri Beauclerc. On pourrait même dire que le dernier de ces articles additionnels porte en quelque sorte sa marque de fabrique.

Henri Ier réunit encore les barons et les principaux dignitaires ecclésiastiques de la province à Falaise, dans le courant de janvier 1107 (2), et à Lisieux, à la fin du mois de mars de la même année (3). Dans cette dernière assemblée, il prit, avec l'assentiment des grands seigneurs, les mesures que nécessitait la situation troublée de la province ; mais aucune des dispositions qu'il a édictées en 1107 ne nous est parvenue.

Le 7 octobre 1118, ce prince convoqua à Rouen un concile, auquel prirent part Raoul d'Escures, archevêque de Cantorbéry, et l'archevêque de Rouen, Geoffroi, avec quatre de ses suffragants, les évêques de Bayeux, de Lisieux, d'Avranches et de Coutances, ainsi qu'un grand nombre d'abbés et de seigneurs laïques (4). On s'y occupa du rétablissement de la paix et de l'état de l'Église en Normandie ; mais il n'est rien resté des décisions qui y furent arrêtées. Nous savons également fort peu de chose sur une assemblée de prélats et de barons, qui fut tenue à Lisieux, vers le milieu du mois de juin 1119 (5), en présence du roi. Orderic Vital, qui se borne à mentionner cette réunion, donne encore moins de détails sur cette dernière que sur les précédentes.

En septembre 1128, Henri Ier, profitant de la venue en France d'un légat du pape, Mathieu, évêque d'Albano, réunit à Rouen sous la présidence de celui-ci un concile, qui comprenait non seulement les évêques et

fit subir, en 1124, à Geoffroi de Tourville, à Oudard du Pin et à Luc de la Barre : « Rex autem, post Pascha, judicium de reis, qui capti fuerant, Rotomagi tenuit ibique Goisfredum de Torvilla et Odardum de Pinu pro perjurii reatu oculis privavit. Lucam quoque de Barra pro derisoriis cantionibus orbari luminibus imperavit ». Ord. Vital., t. IV, p. 459.

(1) On trouve la peine de l'amputation de la main appliquée aux faux-monnayeurs dans la compilation des Lois dites de Henri Ier : « Falsarii pugnum perdant et nullo modo redimantur ». C. 13, § 3 (Schmid, op. cit., p. 445).

(2) 1107. « Mense januario, Falesiæ consessio procerum coram rege fuit... ». Ord. Vital., t. IV, p. 269.

(3) 1107. « Mense martio, item rex concilium apud Luxovium tenuit et necessaria subjectis plebibus edicta ex consultu magnatorum provide sanxit ». Ibid.

(4) 1118. « Indictione xia, nonas octobris, concilium Rotomagi congregatum est. Ibi rex Henricus de pace regni tractavit cum Radulpho, Cantuariæ archiepiscopo, aliisque baronibus quos aggregaverit. Ibi Goisfredus, Rotomagensis archiepiscopus, de statu ecclesiæ Dei locutus est cum quatuor suffraganeis... et abbatibus multis ». Ord. Vital., t. IV, p. 329. Bessin, p. 80.

(5) 1119. « Apud Luxovium congregatio magna præsulum procerumque convenit... » Ord. Vital., t. IV, p. 348. Bessin, p. 80.

la plupart des abbés de Normandie, mais encore des prélats français, les évêques de Chartres et de Soissons (1). Les membres de cette assemblée, où l'élément laïque n'était guère représenté que par le roi, se préoccupèrent surtout de la réforme des mœurs du clergé séculier : un des trois canons, dont Orderic Vital nous a conservé le texte, menace les clercs concubinaires de la déchéance de tout bénéfice ecclésiastique (2) ; un autre (c. iii) interdit aux abbés et religieux de recevoir de la main des laïques des églises ou des dîmes que ceux-ci avaient usurpées et ordonne que la restitution en soit faite par l'intermédiaire des évêques (3).

Les indications fournies à cet égard par le moine de Saint-Evroul, quelque sommaires qu'elles soient, sont du plus grand intérêt parce qu'elles attestent, au moins jusqu'à la fin du règne de Henri Ier, la persistance des conciles provinciaux de Normandie avec leur ancien caractère. Cette tradition est encore observée dans un des derniers actes de ce prince, qui réglemente l'organisation de la trève de Dieu et dans lequel il déclare avoir pris l'avis et obtenu l'assentiment des évêques et de tous ses barons (4). Cet acte législatif a été promulgué par une charte royale donnée à Rouen dans la première moitié de l'année 1135 : car, sur les six évêques de Normandie, quatre seulement sont mentionnés dans le préambule de la charte; or, les deux autres, Richard III, évêque de Bayeux, et Richard de Beaufou, évêque d'Avranches, quoique nommés depuis quelque temps déjà, ne furent sacrés que dans les derniers mois de 1135 (5). Ce document, qui a été inséré en tête du second des traités qui ont formé le Très ancien Coutumier, a une grande importance : il consacre, en effet, la mainmise définitive du pouvoir séculier sur la trève de Dieu. Guillaume le Conquérant, au

(1) 1128. « Interea dum præfatus archipræsul [Goisfredus] ægrotaret... Mathæus, Cluniacensis monachus, Albanensis episcopus, Romanæ ecclesiæ legatus, Rotomagum ad regem Henricum venit et cum eo de utilitatibus ecclesiasticis tractavit. Jussu igitur regis episcopi et abbates Normanniæ asciti sunt et in Rotomagensi capitulo scita præsente rege audierunt, quæ per legatum Honorii papæ sic propalata sunt ». Ord. Vital., t. IV, p. 495-497. Bessin, p. 80-81.

(2) « I. Ut nullus presbyter uxorem habeat ; qui vero a pellice abstinere noluerit, ecclesiam non teneat, nec portionem in beneficiis ecclesiasticis obtineat... ». Ord. Vital., t. IV, p. 495. Bessin, p. 80.

(3) « III. Ut monachi vel abbates ecclesias seu decimas de manu laicorum non recipiant, sed laici quæ usurpaverant episcopo reddant, et ab episcopo monachi pro voto possessorum oblata recipiant... ». Ord. Vital., p. 496. Bessin, p. 81.

(4) 1135. « Henricus, rex Anglorum... episcoporum et omnium baronum meorum subscriptorum communi consilio et assensu, hoc de occisoribus, qui homines in treugis et in pace ecclesie occidunt et treugas infringunt, statutum et firmatum est... » Très ancien Coutumier de Normandie, 1re partie, p. 65-66.

(5) Richard III, fils de Robert, comte de Gloucester, évêque d'Evreux, et Richard de Beaufou, évêque d'Avranches, avaient été nommés l'un en 1133, et l'autre en 1134. Ord. Vital, t. V, p. 31 et 32.

second concile de Lillebonne, avait bien promis aux évêques le concours de ses vicomtes pour contraindre les récalcitrants à s'exécuter, mais il ne prenait pas une part dans l'amende et les violateurs de la trève n'étaient justiciables que de l'évêque diocésain. A partir de 1135, on doit d'abord appeler en duel celui qui a enfreint la trève de Dieu en commettant un meurtre et ce duel aura lieu devant la cour du roi (1). S'il ne se présente personne pour provoquer en duel le meurtrier, l'évêque recouvre ses anciens droits et l'inculpé doit se justifier en cour d'Église par l'épreuve du fer chaud ou toute autre épreuve judiciaire (2). L'amende perçue par l'évêque est invariablement fixée à neuf livres, à moins toutefois que la fortune mobilière du coupable soit inférieure à ce chiffre; dans le cas contraire, c'est le roi qui s'approprie le surplus de cette somme (3). Henri Ier fait ici une application d'un nouveau système en matière de peines pécuniaires, celui de la mise à merci (*misericordia regis*), qui s'était introduit vers la fin du xIe siècle et était une atténuation du régime de la confiscation totale des biens du coupable (4). L'emploi du terme *pecunia* (5) dans ce document semble bien indiquer que la mise à merci était limitée ici à la fortune mobilière du délinquant. La charte de Henri Ier a réglé jusqu'à la conquête de la Normandie par Philippe-Auguste l'institution de la trève de Dieu, qui, telle qu'on la trouve dans la première partie du Très ancien Coutumier, était presque devenue la « paix du duc » (6).

Henri Beauclerc gouverna avec autant de fermeté son duché de Normandie que le royaume d'Angleterre. Pendant toute la durée de son règne, il s'efforça de maintenir l'ordre et la sécurité dans la province ; mais ce ne fut pas sans peine qu'il mata les grands seigneurs et maintint dans l'obéissance la petite noblesse et les bourgeois des villes. Il se montrait impitoyable à l'égard des traîtres et des rebelles, qui échappèrent rarement à une peine corporelle ou tout au moins pécuniaire (7). Il ne réprimait pas moins

(1) « Si occisorem illum aliquis duello appellare voluerit, duellum illud in curia mea tenebitur ». *T.A.C.*, p. 66.

(2) « Si vero defuerit qui occisorem illum duello probare velit, ipse occisor in ecclesia Dei per manus et judicium ecclesie se purget ». *Ibid.*

(3) « Si inde convictus fuerit, episcopus ille, in cujus diocesi hoc factum est, emendam suam, id est ix libras, de pecunia convicti per manus justicie mee habebit. Si vero de pecunia illius amplius remanserit, hoc meum erit ». *Ibid.*

(4) *Dialogus de Scaccario*, L. II, c. 16 (Stubbs, *Select Charters*, p. 238). — Pollock and Maitland, *History of english law.*, t. II, p. 513-514.

(5) « Si vero pecunia illius ad illas ix libras perficiendas non suffecerit... » *Ibid.*

(6) « Dux... quimina custodiet ita in pace... XV, 2. — Carruca enim in pace ducis est. XVI, 2. — Comites vel barones et singuli homines sacramento tenentur pacem ducis servare, XXXVII, 1. — Hec sunt placita que pertinent ad ducem... insultus pacis,.. ». LIII.

(7) « Ipse interea ducatum Normanniæ cum regno Angliæ fortiter gubernavit et usque ad vitæ suæ finem semper paci studuit atque... nunquam a pristino robore justitiæque

rigoureusement les autres infractions, qu'il punissait en vertu de lois cruelles. Il est assez difficile de savoir si Orderic Vital a voulu parler, dans ce passage, des statuts de Guillaume le Conquérant appliqués par son fils ou de ceux que ce dernier a édictés lui-même; toutefois il semble plus vraisemblable de croire que l'historien ait fait allusion à quelqu'une des ordonnances de Henri Ier mentionnées plus haut, qui infligeaient la peine de la mutilation pour certains crimes.

severitate decidit. Egregios comites et oppidanos et audaces tyrannos, ne rebellarent, callide oppressit... Confirmatus in fastigio citra mare et ultra... pacem subjectis plebibus semper quæsivit et austeris legibus legum transgressores rigide multavit. Ord. Vital, t. IV, p. 237.

www.ingramcontent.com/pod-product-compliance
Lightning Source LLC
LaVergne TN
LVHW020047090426
835510LV00040B/1463